καιρός カイロスブックス

岡本富郎 Tomio Okamoto

「いのち」と「愛」に着目する子育て

JN207210

いのちのことば社

はじめに

私はこの本で、「子どもの特徴」と「我が国の子どもと子育ての現状」について紹介して、私たち大人が子どもたちのために今、何をすべきかをともに考えたいと願っています。そのために、これまでに相談を受けてきた子育ての事例をいくつか取り上げて、そこから学びたいと思います。

取り上げた事例は、近年ニュースとなっているようなわが子や親への殺人事件など、重いものではなく、一般的な相談内容です。しかし、たとえ最初はどこにでもあるような事例であっても、親や大人が関わり方を間違えてしまうと、エスカレートして重大問題に繋がる恐れがあります。早めに子どもたちの悩みや問題に気がつき、専門家に相談することが必要です。

読み進めるうちにきっと、私たち大人が、子どもたちに無意識に求めていることと、その思いがどのような影響を子どもに及ぼすかを知ることになるでしょう。そして、子どもを育てるということは、大人がまず、何を考え、どういう生き方をしたらよいかが問われていることにも気がつくでしょう。

そうです。大人が何を考え、どう生きたらよいかはたしかに大切です。しかし、そうは言っても大人も生身の人間です。生きていく中で、いろいろなことが起きてきます。子育てだけではなく、夫婦関係や仕事上のこと、経済的な問題など、また、予期しないことも起こってくることがあります。

でも慌てることはありません。子育てのプロは誰一人いないのです。子育てをしながら、悩み、試行錯誤し、親として成長してゆくのです。

そこで意識したいことは、少しずつ親として成長するために、親も子どものために学ぶことが必要だということです。今の子どもの特徴を知り、子どものために何を考え、何を具体的になすべきかを学ぶ必要があります。

学びながら子どもを知り、関わり方を知っていけば、子育ては楽しくなっていきます。一人で悩まないで、周りの人とも関わりながら、互いに話し合い、相談し合っていけば大抵のことは解決します。一歩ずつ歩みましょう。

なお、この本で取り上げた事例では、当事者に迷惑がかからないように配慮し、お名前はアルファベットで表しました。

目次

一章　子育ての「根源力」に目覚める

子育ては楽しい時もありますし、つらい時もあります。また今は問題がなくても、子どもが成長するにつれて、いじめ、不登校、引きこもり、暴力など、予期しないことが起こることもあります。なぜ自分の家にだけ嵐がやってきてしまったのかと、悩み苦しむこともあるでしょう。

しかし、そうした問題の原因が、実は親の心の中に潜んでいるということが多く見られます。親は得てして、問題は子どものほうにあると思ってしまいがちですが、多くの場合、親が、大人が勘違いをしていたり、気がついていないだけなのです。

私は長年、多くのお母さんたちの子育ての相談を受けてきました。子どもの問題の本当の原因は親にあることがほとんどでした。しかし、ダメな親だと落ち込まないでください。気づき、方向転換をすればいいのです。

毎日実際に生きている自分を見つめれば、人間には〝生きようとするいのちの力〟が与えられていることが確認できます。私たちが眠っている時も心臓が働いていること一つを取ってみても、そのことがわかります。

その「力」の存在がわかると、他の人にも自分と同じく〝生きようとするいのちの力〟が与えられていることに気がつきます。つまり、他の人も「自分と同じ人間」であることに気がつき、そこから身近な仲間として〝愛そうとするいのちの力〟の芽生えを心の中に感じるようになります。友愛であり、人間としての優しい思いです。人間が本来そのように造られていることを理解していただきたいと思います。

さらにもう一つのことも考えておきましょう。それは、人間の心の中には、自己中心的な思い、自分さえよければいいと考える、悪い心もあるという事実です。しかし、自分の中に湧き上がる〝愛そうとするいのちの力〟には、自分の悪い心と戦おうとする力が含まれていることをもぜひ知っておいてください。この本では、この〝生きようとするいのちの力〟と〝愛そうとするいのちの力〟を理解するならば、子育ては心豊かな、喜びにあふれるものになるということを、皆さんにお伝えしたいと思います。

まず、基本的なことから説明します。皆さんは、私たちの「いのち」は宇宙や自然など大きな力に生かされていると考えたことはありませんか。今ここで、少し考えてみましょう。私たちは酸素を吸って生きています。この酸素は植物などが作ってくれます。しかし、植物は太陽の光を浴びないと酸素は作れません。太陽は銀河系の中で動いていますし、銀河系も宇宙全体との関係の中で動いています。宇宙全体と銀河系と太陽、太陽の光と植物、そして酸素が生まれて、人間は生かされています。

このように、私たちの「いのち」は宇宙全体である大宇宙の関わりの中で生かされているということが理解できます。植物の「いのち」も、虫や動物たちの「いのち」も、私たち人間の「いのち」も大宇宙から与えられ、生かされている同じ「いのち」であり、お互いに関わり合い、繋がり合っていると考えることができます。

そこで、紹介したい人がいます。「密林の聖者」と言われた人です。ドイツ出身の医師で、ノーベル平和賞の受賞者であり、哲学博士、神学博士、また、一流のオルガニストでもある、アルベルト・シュヴァイツァー博士です。

博士は「生命《いのち》への畏敬」、つまり「すべての生命《いのち》」を畏《おそ》れ、敬うことの大切さを世界に訴えた人としてよく知られている人です。博士はその考えに基づいてアフリカのガボンで活動し、一生を捧げました。博士の「われは、生きんとする生命《いのち》にとりかこまれた、生きんとする生命《いのち》である」（『わが生活と思想より』白水社）という言葉はよく知られています。すべての人間は皆「生きようとしている生命《いのち》である」というのです。私もあなたも、どの人も〝生きようとする生命《いのち》〟なのです。そして、一人ひとりの〝生きようとする生命《いのち》〟は他の〝生きようとする生命《いのち》〟に囲まれているというのです。すべての人間は、お互いに囲み合い、関わりをもちながら生かされ、生きているという意味です。

このことに気づくと、自分と同じように他の人も〝生きようとする生命《いのち》〟であることを自然に認めることができるようになります。そうすると、他の人の「生命《いのち》」をただ認めるだけではなく、先にも言ったように、自分の「生命《いのち》」と同じように大切にしようとする気持ちが心の底から静かに湧いてくるのです。人間には、このような心の変化を生み出させる働きが元々与えられているのです。そして私は、この〝生きようとする生命《いのち》〟を〝生きようとするいのちの力〟と言い換えたいと思います。

このことを実際に自分の心の中に受け入れるためにはどうしたらよいでしょうか。普段はこのようなことを考えることはあまりないかもしれませんが、ぜひ、〝生きようとするいのちの力〟について深く思いをめぐらせていただきたいと思います。しばし、日常生活の中で時間を割いて、静かにじっと目を閉じて、自分の〝生きようとするいのちの力〟と向かい合ってください。そうすれば、必ずや〝生きようとするいのちの力〟と他の人を〝愛そうとするいのちの力〟が心の中に流れてくるようになり、子育ての「根源力」として発揮されるようになるでしょう。

何よりも、子どもたちは「いのちの力」から湧き上がる親の「愛の力」に包まれ、自分の存在が認められることで、安心して喜びの日々を過ごすことができるようになります。楽しく安定した生活を歩んでいくことができるようになります。それ以上に、温かい心を他の人にも向けることができる豊かな人間に育っていくのです。

メディアなどから流れてくる社会の一般常識に捉われないで、わが子の心に寄り添って、子育ての「いのち」と「愛」の「根源力」に沿って子育てを変えていけば、子育ては楽しく、ご家族の人生も豊かになっていくことでしょう。

二章　「子どもの特徴」と「子どもと子育ての現状」

この章では、子育てするうえで知っておきたい「子どもの特徴」と「子どもと子育ての現状」について取り上げます。今の我が国の子どもの現状は、とても喜べる状況にありません。これからの子どもの育ちと将来の社会を考えるとき、「今」しっかりと「子どもの特徴」と「子どもと子育ての現状」を知っておくことが大人の責務であると訴えたいと思います。

①人間の子どもの特徴を知る

人間の子どもは、生まれて約一年たたないと歩けません。牛など他の動物は、生まれた後一時間ほどで歩き出し、自立が始まります。歩行など生きる力の基本的な力をお母さんの胎内で学んでいるのです。それに比べて、人間の赤ちゃんは、生きる力を生まれた後で、いろいろなことを教わって身につけます。「人間は教育を必要とする唯一の動物である」（イマヌエル・カント著『教育学講義』明治図書出版）という定義があるくらいです。子育てで、しつけをしなければならない理由はここにあります。

しかし、これは人間の赤ちゃんにとって良いことなのです。なぜかというと、他の動物の赤ちゃんは、お腹の中で、生まれた後の「生き方」の基本を学んでしまっているので、生き方は決められているともいえるでしょう。一方、人間の赤ちゃんは、生まれた後、いろいろな生き方が可能です。もちろん日本で生まれれば、日本の環境や文化の影響で日本での生き方を学びます。しかし、同じ国内で育てられても、育ち方、生き方は子ども一人ひとりで違っていきます。一人ひとりの環境や親の考え方で育つ内容が違ってくるからです。このように、一人ひとりの環境が違っている中で赤ちゃんは、生きるために、生まれた直後からいろいろなことを自分から必死に学ぼうとします。

自分の目に映る物に目を向けたり、音のするほうへ耳を傾けたりします。ハイハイして物に近づいて触ろうとし、手で握ろうとします。こうした行動は、「イタズラ」だと思われますが、専門的には「探索行動」といいます。自分で学ぼうとして、学習のために探索しながら学ぼうとする行動という意味です。

そして、年齢が高くなっていくと「遊び」といわれる活動に発展します。この遊びは、無駄な活動ではなく、「生きる力」を身につけたいという子どもの学習活動なのです。私は「遊び」は「生きる力」を学ぼうとするための活動なので「生命活動」と名づけました。子どもは親に言われる前にすでに、自分でイタズラ、遊びといわれる活動を通して、学ぼうとしています。「生きる力」を学ばないと生きていけないからです。

人間の赤ちゃんの脳は、空腹状態といえるでしょう。赤ちゃんは、生きるために学ぼうと懸命になっています。周囲の情報を必死に集めようと脳はフル回転です。周囲の情報を受け渡しているシナプスの密度は人生の中で、生後八か月から一歳の赤ちゃんが最高だという研究結果も発表されています。すごいですね。赤ちゃん自身が生きるために自分で情報を受け渡そうとして、シナプスをフル回転させているのです。

赤ちゃんや幼児の遊びは無駄な活動ではなく、生きる力を学ぶ「生命活動」であることをしっかり深く覚えておいてください。そこで、大切な基本的なことを確認しておきたいと思います。それは赤ちゃんの〝生きようとするいのちの力〟は、生まれながらに与えられているということです。

②いじめの増加を見逃さない

まず我が国のいじめの実態を紹介しましょう。二〇一七年度のいじめの発生件数は、小学校三一万七千一二一件で前年度より七万九千八六五件の増加。中学校で八万四二四件で前年度より九千一一五件の増加となっています（文部科学省初等中等教育局児童生徒課「平成二九年〔二〇一七年〕度児童生徒の問題行動・不登校等生徒指導上の諸課題に関する調査結果について」）。特に小学校の増加が目立ちます。

わが子が学校でいじめられたらどうしよう、と親ならば思うことがあると思います。私も幼児のお母さんたちから、「学校へ行っていじめられないでしょうか」と相談を受けることがあります。それくらいいじめは子どもにとってはもちろん、親にとっても大きな関心事となっています。中にはいじめが公立学校に多いと言って、私立に通わせようと考える人もいます。どうしてこのような子どもたちの状況が生まれたのでしょうか。

私は、それは大人社会が、いじめ、またはいじめに近い様相を呈しているからだと思います。強い力をもっている人たちが自分の権力を使って、弱い人たちに有形無形に圧力をかけているからです。子どもたちにそうした社会の構造的な暴力がひたひたと忍び寄って影響を与えていると思うのです。

一人の中学生の事例を紹介しましょう。

確か中学一年生だったと思いますが、クラスでのいじめを普段から見ていた彼は、ある日決心して、止めに入りました。そうしたら案の定、自分もそのいじめっ子たちから暴力を受けました。

帰宅後、このことを父親に相談しましたが、父親の答えは「そんなことは見てみないふりをしていればいいんだ。関わるな」でした。せっかく勇気を奮っていじめを止めようと行動し、またこの後どうすべきかを相談するために父親に報告したのにもかかわらず、そのような言葉を受けたのでした。

彼は自分の父親の答えに憤慨して、その内容を全国版の新聞に投稿し、掲載されました。これは一つの事例です。しかし、この父親を非難できる人は実際、どれほどいるのでしょうか。現実社会で生きている大人は、この事例に対して綺麗ごとを言ってはいられません。

このような社会の中の暴力をなくしていくためにも、弱い立場にある人たちへの共感の心を私たち一人ひとりが自分の「人格」の中に根づかせる必要があります。

いじめは何よりも、当の子どもにとって、重大問題です。いじめられて不登校になってしまう子ども、また体調を悪くする子どももいます。また、いじめられて親が気づかないまま自殺する子どもも後を絶ちません。いじめによって死に追いやられる子どもがいることは、当事者だけの問題ではなく、学校教育をはじめ、社会全体、国全体の問題として捉えなければなりません。

一九八六年に、東京中野区の中学二年生の鹿川裕史《しかがわひろふみ》君が遺書を書いて自殺し、社会に衝撃を与えました。この同じ年に六人の子どもがいじめが理由で自殺をしています。そして、その後一九九四年に愛知県の中学二年生の大河内清輝《おおこうちきよてる》君が長い遺書を書いて自殺をした時にも、大きな衝撃が走り、なんとこの年には九人の子どもがいじめを理由に自殺を選んだのです。その後もいじめられて自殺をする子どもは後を絶ちません。これで我が国の学校教育はよいのでしょうか。私は、学校教育は何といっても「いのち」を大切にすることを教え、学ぶ場所だと思います。その学校で、いじめを受け、自殺に追い込まれる子どもが後を絶たない現状を、このまま見過ごしてよいのでしょうか。

いじめは、特定の対象に対して、一定期間、身体的、心理的に暴力を加え、苦痛を感じさせる目的をもって行う行為です。文部科学省もいじめの定義を変えながら、いじめの数をこれまで発表してきました。そこで考えたいことは、現在いじめで問題になっているのは、いじめを行う子どもはいうまでもなく、周りで見ている子ども、無関心な子どもがいるということです。クラスの中で、いじめを止める子どもがいれば、いじめは間違いなく減るのです。また、いじめに関心をもつ子どもが増えれば、いじめを許さない空気が教室の中に漂い始めます。

このように考えるといじめは、いじめる子ども、いじめられる子どもの問題だけではなく、クラス全体の子どもがいじめを許さない人間として成長するかどうかの問題として考えることができるのです。

もう一つ、いじめで問題になるのは複数の子どもが、一人の子どもをターゲットにしていじめをするという特徴があるということです。いじめをする子どもが複数だと、周りの子どもたちにとって止めるための勇気はそう簡単にはもちにくくなります。ここで問われるのが担任教師の姿勢です。普段から「学級活動」や生活指導を通して「いじめ」について関心を強くもち、クラス全員に「いのち」の問題として心を込めて教えることです。

「いじめ」を重大視して、東京の中野区の中学校で「生き方の問題」として「いじめ」を取り挙げて「いじめ」をなくす多様な真剣な学習の結果、見事にいじめが減った例があります（福田博行著／尾木直樹監修『いじめない自分づくり――子どもの自己変革に挑んだ教育実践』学陽書房）。生徒たちは「いじめのビデオ」を見、『私のいじめられ日記』（青弓社）という本を読み、それらの感想を文集にして、全員が読んで、熱のこもる討論を重ねました。この生徒たちのいじめの学習は、単にいじめを減らし、なくすことではなく、一人ひとりが、人間としてどうあったらよいか、どう自分が人間として変容していけばよいかに主眼が置かれていました。

学校でいじめを人間の生き方の問題として捉えるときに、いじめやいじめによる自殺は確実に減るのです。先生たちと校長、保護者の考え方で、子どもの「いのち」を守り、子どもの人間教育を実現させることができるのです。

今、保護者の考え方、という表現を用いいました。いじめは、私たち大人に対して、子どもから問われている大きな課題となっています。学校に教科の勉強だけを強く要求するのではなく、「いのち」の問題として保護者が子どものために学校に協力し、共に「いじめ」を考え、取り組む姿勢をもつことが必要でしょう。先に紹介した中野区の中学では保護者も一緒になって取り組んだ結果、子どもたちも「やっぱり自分たちの倍生きた人の意見は違う」という感想を作文に書いています。生徒たちは、一人のお父さんの「わが子へ、父からの手紙」を読んでいました。その内容は三十三時間もかかってやっと生まれたわが子への思いでした。子どもは母が命をかけて生んだ宝であるということ、それはすべての親の思いであるということ、そして子どもがいじめで命を絶つということが、どんなに親にとって悲しいことか、という内容でした。

また、保護者には生徒たちが学んで書いた学年文集「いじめを見つめて」を読んでもらいました。そして五十名の親は、父母参観での生徒たちのいじめの「意見発表会」に参加しました。この「文集」と「意見発表会」、そしていじめに関する感想を保護者に書いてもらい、「いじめ問題を考える」という文集を発行し、生徒に親の視点から書いた内容を読んで感想を書いてもらいました。先の生徒の感想がその一つです。親の一人は「私たち親の生き方が問われているのでは」と書きました。

③「遊び」の重要性を理解していない大人

「三間《さんま》がない」という言葉が四十年ほど前から言われてきました。これは、子どもの遊びについて三つの「間」がなくなってきたことを表した言葉です。すなわち、「遊ぶ時間」、「遊ぶ空間」、「遊ぶ仲間」の三つの「間」のことです。三つの間が大人社会によって奪われたという意味で「三奪」という言葉を使う人もいます。

遊ぶ時間は、塾通いやスポーツクラブなどの活動で減ってきました。子どもによっては室内でゲームをするなどしていて、遊ぶ時間としては大きな減少とはいえないかもしれません。しかし昔に比べ、友だちと外で、全身を使い、自由に選んだ遊びをする時間が減ってきたことは間違いないでしょう。

また、遊ぶ空間もかなり減ってきました。以前は子どもたちの遊び場だったところが、建物や駐車場、車が頻繁に通る道路などで占められるようになってきたからです。遊ぶ仲間も減ってきました。子どもの絶対数が減ってきて、近所に遊ぶ友だちが減ってきたことは間違いありません。

「遊び」は子どもにとって、成長に欠かせない重要な「生命活動」です。子どもは遊びを通して成長します。遊びでは子どもたちは、頭、言葉を使い、目、耳、鼻、触覚、味覚などの五感を使います。これらを使いながら、「変だな?」と疑問に思い、考え、判断し、決断をする体験を重ねていきます。また、遊びながらいろいろな見方、考え方に気づき、驚き、いろいろなことに好奇心をもち、興味や関心をもちます。このように、子どもたちは遊びながら多様な力の成長を遂げていくのです。

もう一つ今の青年、子どもたちに欠けている力、「人間関係調整力」が、かつては遊びを通して身についていたことを考えたいと思います。長年学生たちと接してきて、協同で物事に取り組む力、話し合って何かを決める力、相手との距離をうまく取る力が、かなり劣ってきていることを身近に感じてきました。

新入社員の三割が、三年以内に会社を辞めるという調査結果があります。この理由は会社の労働条件や他の要因もあるでしょうが、それだけではなく、青年たちが、自分でわからないことを質問して理解することができないことや、上司などとの人間関係や、相手との距離を取る力が劣ってきているからではないかと、私は考えています。この根本的な原因は「遊び」の経験不足にあると思っています。

人間はそもそも、人と人との間で生きる「社会的動物」であるともいわれます。一人では生きていけないのです。どこにいても、何をするにしても、他の人との関係は不可欠です。どういう人とも、話し合い、力を合わせて仕事をしたり、生活をするためには、人間関係を調節する力は必要です。私はこの力を育むのが「遊び」であると考えています。

一方、成長とは違った次元の遊びの効用があります。それは遊びの学説の一つにもある「〝遊び〟の気晴らしの効用」です。遊びにより心のモヤモヤがどこかにいってしまい「気晴らしになる」という考え方です。子どもは、いや大人も、いやなことを忘れようという意識があって遊ぶことがあります。社会が複雑になり、勉強や仕事でストレスがたまっている現在、「遊び」のストレス解消の効用をもっと重視すべきでしょう。

もう一点、現在、文部科学省が進めようとしている「アクティブ・ラーニング」と遊びとの関係を考えましょう。「アクティブ・ラーニング」は「自分で動きながら学習する」という意味です。先生の言うことや教科書に書かれている内容を受け身になって暗記するだけではなく、「自分の頭で考え、調べて、まとめる力」を育成することを重視する学習方法です。これからは大学の入試問題も、国語、数学から始まって自分で考えて答える内容に変わっていきます。そのために小中学校の学習塾や高校などの学校の授業でも、授業内容や方法が少しずつ変わり、自分の頭で考え、体で学ぶことが学習の基本となっていきます。

私は長年、このような力はまさに、遊びの中で自然に子どもたちが自分で自分の頭をフル回転させて活動する中で育まれると思ってきました。「教育内容としての遊びの重要性」という小論を書いたことがあります（『現代の教育を問う』小林出版）。子どもの頭は、親や先生から使わされている間は、本当には進歩していないのです。

暗記して成績が良いということが「頭が良い」ということではありません。自分で頭を使って「考える力」のある人が本当に「頭が良い」のです。世の中でしっかり生きていくためにも受け身ばかりではうまくいきませんし、面白くもありません。自分で考えて、納得しながら生きていくほうが成果も上がり、仕事も面白いのではないでしょうか。

「遊び」について語ってきましたが、終わりに子どもの「自然体験の減少」について考えたいと思います。

かつては、子どもたちは自然の中で目いっぱい遊んでいました。海、川、原っぱ、丘、山、藪、林、森、などで、草や花、虫や鳥など、生きた「いのち」にあふれた自然の中で、子どもたちは自然が友だちであるかのようにして遊び回りました。「いのち」に包まれて遊んだ、と言い表したほうが適切かもしれません。自然は子どもたちに「いのち」それ自体を教えてくれました。自然は自分から言葉を使って話しかけてはくれませんが、子どもたちは、自然のささやきをいつの間にか五感を通して聴き、体に染み込ませ、心を弾ませて家に帰ったものでした。

この自然の中で遊ぶことが少なくなってきたことは残念ですが、工夫をすれば、他の仲間たちと一緒になって自然の中で遊ぶことは可能ではないでしょうか。子どもたちの「体と心のいのち」を活性化させるために、自然の中で「遊び」を体験してもらいたいと思っています。

ここまで遊びの重要性について書きました。とにかく「遊び」は子どもの、体・心・思考力・判断力、対人関係等の成長にとってかなり有効です。人間にとって必要な、基本的な能力を総合的に育てます。幼少期が大切です。そのためには五感を駆使するいろいろな遊びをすることです。能力の限界を試す冒険がいいですね。そうでなくても近所に必ず児童公園や児童遊園があるはずです。そこで思いきって体を使って遊ぶことです。また公園には蟻やミミズ、ダンゴ虫もいます。タンポポや季節に応じた花が咲きます。一本のタンポポから、大地や、水、太陽、空気、風、虫等の自然を感じることができます。感性によって自然の「いのち」に触れることはできます。可能なかぎり、大人が意識して子どもの遊びに入って一緒に遊ぶことです。また、調べれば地域に「川遊びの会や」「冒険プレイパーク」などもあるでしょう。

まだまだ遊ぶ場所はあります。私は、乳幼児のお母さん方と弁当を持って市内を歩き回って、年齢に応じた子どもの遊び場マップを作ったことがあります。

④不登校の増加をどう考えるか

不登校とは、文部科学省の定めによると年間三十日以上欠席することです。二〇一七年度の小中学校における不登校の児童生徒数は一四万四千三一人（前年度一三万三千六八三人）であり、割合は一・五％（前年度一・四％）、人数は一万三四八人の増加です（文部科学省初等中等教育局児童生徒課「平成二九年（二〇一七年）度児童生徒の問題行動・不登校等生徒指導上の諸問題に関する調査結果について」）。

わが子が学校へ行かない期間が続くと、親は当然心配します。そして、学校へ頑張っていくように叱り、促します。最近では不登校への理解が徐々に進んできましたが、ほとんどの親は、最初はとにかく、学校に行ってほしいと子どもに迫ります。

しかし、当の子どもは、突然不登校になるのではなく、不登校になる前に、じっと我慢して登校している場合が多いのです。そのことに親は気がつけないでいます。しかし、ついには耐えきれなくて、行かなくなります。親は急に子どもが変わったかのように思い、「なんで行かないの」と責めるのです。ご両親には厳しい言い方ですが、不登校が自殺への引き金となることもあるのです。親の気がつかないままにそのようなことが起こらないように、真剣に考えてみましょう。

子どもの自殺が一年で一番多いのは九月一日です。最近は八月下旬も増えてきているようです。その次が四月中旬です。このように、長い期間の学校の休みの後で自殺が起きることが多いとわかっています。子どもたちは、長い休みの間、どういう気持ちで過ごしているのでしょうか。なかなか親にはわかりません。しかし自殺を考え、行動にうつしてしまう子どもが現に存在するのです。

自殺はいうまでもなく、その子にとって余程のことなのでしょう。それぞれの個人の生活にはそれぞれの事情がもちろんあります。しかしここでは、個々の事情には深く踏み込まないで、重要な不登校と自殺との関係について、基本的なことを考えましょう。

そこで私は、子どもの「いのち」と学校とどちらが大切かについて考えたいと思います。言うまでもありません。大切なのは子どもの「いのち」です。私たちが子どもの悩みや苦しみに気がつかないのは、あまりにも子どもを学校へ行かせたいと思い過ぎているからではないでしょうか。もちろん、わが子が勉強して、将来普通に生活できるようになってほしいという親の気持ちは理解できます。しかし、そこをもう少し考えてみませんか。「いのち」を捨てたいと思うほどに追い詰められながら、学校へ行くことを強いられる子どもの立場に立って考えてみましょう。そのことを普段から考えるべきではないでしょうか。

学校より子どもの「いのち」が大切です。このことを確認して不登校の問題に戻りましょう。

最初に不登校について考えたいことは、学校の集団生活に合わない子どもがいるということです。それまで、集団で過ごした経験の少なかった子どもは、大人数の中で一緒に生活することはかなり困難です。友だちができず、または友だちとの些細な喧嘩ででも学校へ行くことができなくなってしまい、不登校になる場合があります。

また、集団としてのクラスの人数が多いこともあり、そのうえわが国の教師の仕事量は諸外国と比べて多すぎて、子ども一人ひとりとゆっくり話す時間を十分に取りにくいことも考えてみなければなりません（二〇一五年時点でのＯＥＣＤ〔経済協力開発機構〕加盟二五カ国の中では、日本の児童生徒の一クラスの人数は二番目に多い。また二〇一三年ＯＥＣＤ調査——世界三五カ国と地域の中学校教員対象の勤務時間の結果では、日本の教員が最長）。このように教師と子どもがゆっくり、親密に話し合うことは簡単ではありません。

こう見ると、子どもたちは、いじめを含めて自分が隠している親にも言えない胸の内を、教師にも、ゆっくりと丁寧に相談することは難しいと言わざるを得ません。苦しい思いを誰にも言えず、心に秘めながら、子どもたちは学校生活を過ごしているのです。

それでは、親はどうしたらよいかを考えましょう。

まずは、わが子が学校に行きたくないと言ったら、「怒らないから」と伝えて、なぜ行きたくないかを、優しくゆっくり聞いてみましょう。そして、「今日は無理しなくていいよ」と伝えて、「少し休んで、行く気になったら行けばいい」と、温かく語りかけてあげましょう。

当の本人は長い間、頑張って学校に通ってきたうえでの不登校なのです。しかし、休む理由が恐喝や暴行など深刻な場合もあるので、その場合には、「先生に連絡をしていいかな」と確認し、家でお子さんから聞いた内容を電話で先生に伝え、もし、直接担任と会うことができるならば、学校に行って、お話をしたらよいと思います。家でのようすを伝えましょう。「頭が痛い」、「吐き気がする」、「いじめにあっている」、中には「死にたい」というお子さんのことも私への相談ではありました。

話を聞いた先生からは、「保健室登校」などのいろいろな可能性やアドバイスを受けることができるでしょう。とにかく親が一方的に叱らないこと、そしてまずは優しく、不登校を受け止めてあげることです。

⑤「自己肯定感」の低い日本の子ども

日本の子どもの「自己肯定感」がかなり低いといわれています。内閣府は日本、韓国、アメリカ、イギリス、ドイツ、フランス、スウェーデンの七カ国の一三歳から二九歳の青少年の「自己肯定感」を調査して発表しました（二〇一四年版「子ども・若者白書」）。いずれの項目を見ても、日本の子どもの「自己肯定感」は低いのです。その内容を簡単に紹介します。

「自分自身に満足していない」、「自分には長所がない」、「意欲的に取り組まない」、「つまらない、やる気が出ないと感じた」「悲しいと感じた」、「ゆううつを感じた」、「社会の問題に関与したくない」、「社会現象は変えられない」、「将来への希望は弱い」、「四十歳になった時幸せになっていない」以上のすべての項目で、他の国より率が高くなっていることが報告されています。

他の国と比較して、なぜ日本の国の子どもの「自己肯定感」は低いのでしょうか。自分を見る目が厳しいのか。それとも自分を見る目が謙虚なのか。他の調査の項目と比較してみても、どうもそうは思えません。

考えてみましょう。まず考えられることは、諸外国の大人が子どもを見る目は、日本の大人より温かいのではないでしょうか。また、将来に対して子どもに期待を強制していないのではないでしょうか。さらにいうと、小さい頃から他国の大人は子どもの個性を大切にし、誉めながら育てているのではないでしょうか。

こうした外国の子育てと比較した場合、日本の子どもは、大人から強制や期待される度合いが強く、しかも、自分の個性が理解されず、自分が評価されていないという感覚を抱きます。いや、もっというと、自分はダメな子なのかな、という劣等感に繋がる感情に陥ってしまうことにもなるのです。

以上のように、子育ての基本的な姿勢の違いが、子どもの意識に影響を与えているのではないかと私は推測しています。それゆえ我が国の子どもたちが、自分に自信がもてず、希望をもって将来に向けて前向きに努力をする気持ちがもてないとしたら残念なことです。

自分に自信がもてない子どもは、余裕をもって人のことに関わることができません。

近年「誰でもよかった」と殺人を犯す人たちもいます。彼らは、生きている喜びや希望を感じることができず、自分はどうなってもよいと、諦めの気持ちが強くなっているのではないでしょうか。地域に暮らす子どもたち一人ひとりの存在を尊重し、声を掛け合う社会を築いていくことで、このような犯罪に手をそめる人を減らすことができるのではないでしょうか。私は、この現実を現代の課題として受けとめたいと思っています。

⑥なぜ我が国の子どもは「孤独感」が高いのか

二〇〇七年にユニセフが発表した「OECD加盟二五カ国における一五歳の孤独度調査」では日本の子どもが二九・八％と最も高く「孤独を感じる」となっています。以下、アイスランド（一〇・三％）、フランス（六・四％）イギリス（五・四％）などが続いていますが、日本は突出しています。この数字を最初に見た時、私は驚きました。

なぜ日本の一五歳の孤独度はこのように突出して高いのでしょうか。多くの原因が考えられますが、その一部を挙げてみましょう。

一　自分そのものをそのまま認めてもらえていない。

二　小さい頃から自分の興味や関心などの考えをきちんと聞いてもらえていない。

三　話し合っても、自分の話す内容を理解してもらえない。

四　相談する人がいない。

五　子ども同士の居場所、たまり場がなくなってきた。

以上の他にも原因は考えられますが、まずは、これらの内容について順を追って考えていきましょう。

一　自分そのものをそのまま認めてもらえていない。

日本では、子どもが一人の独立した人間であるという人権意識が弱いのです。「子どもは大人の付属ではなく、それぞれ一人の独立した人間であり、人格をもっている」という意識が国民に行きわたっていません。これは大人の人権意識とも共通する、人間を理解するための根本的な、国家的な課題です。様々な差別問題や社会的な多様な問題の根本原因として「人権意識」が根づいていないことは、我が国の将来の真に豊かな国造りにとって由々しき問題です。

具体的には、子どもたちは現在の社会状況下では、学校の成績の視点で自分が評価されていることを敏感に感じ取っているということです。子どもたちは、自分そのもの、自分の個性、持ち味が軽視され、大人社会が要求する能力の有無で評価されることに不満を抱いていきます。そして、親や周囲に自分の考えや能力を知られたくないという意識がいつの間にか大きくなり、自分のことを人に言えなくなって孤独に陥っていることが考えられます。

このように、自分の持ち味を評価してもらえないで、社会が要求する能力や学校の成績のみで自分を評価されると、自分そのものの存在が認められず、孤独な気持ちになることは、大人でも理解できると思います。先の「自己肯定感」の低さの箇所（二八〜二九頁）でも述べましたが、一人ひとりの良い点を評価する環境が必要です。その点でいえば、何といっても親がわが子の個性を尊重し、認めてあげることが大切です。

二　小さい頃から自分の興味や関心などの考えをきちんと聞いてもらえていない。

親は子どもの言いたいことを聞く以前に、親自身の言いたいことを先に言うことが多いと思います。これでは子どもは自分が興味をもってやってみたいこと、考えていることも、言えなくなってしまいます。身近な親に聞いてもらえないことは、子どもにとって寂しいことです。孤独を感じる一つの要因となるのは当たり前のことです。まして、子どもの言い分をよく聞きもしないで、理解しないまま否定することは、子どもに対する人権感覚が弱いことを意味します。

三　話し合っても、自分の話す内容を理解してもらえない。

話し合いに応じてもらえることは、子どもにとって嬉しいことです。しかし、子どもの世界の中で起きることをいくら話しても理解されなければ、子どもは話すこと自体をしなくなってしまいます。これでは親子の会話は成立しなくなり、子どもは孤立するしかありません。大人は確かに大人の考え方でわが子に言いたいことを言います。しかし、子どもには子どもの世界があるのです。子どもの気持ちになって聞いてあげることが必要でしょう。

四　相談する人がいない。

この原因として親や大人、先生に話しても、理解してもらえないので相談しなくなり、その結果相談する人がいなくなるという現実があります。相談する人がいなければ、子どもは孤独に陥ってしまいます。このことを、大人はもっと強く反省することが必要です。

一例を挙げましょう。ある市主催のパネルディスカッションでコーディネーター（司会者）を担当した時のことです。小中学生の子どもたちがパネリストで、大人も参加していました。そこで私は出席した五十人ほどの子どもたちに質問をしました。「皆さんは困ったことがあったときに、親や先生に相談しますか？」結果、親や先生に相談すると答えた子どもはたった五人でした。

この実態を確認した直後に、会場の六十代くらいの女性から子どもたちに向けて質問がありました。「皆さんは困ったことがあったら、誰に相談しますか？」

その時六年生の女の子が手を挙げて言いました。「私は先生にも親にも相談しません。友だちに相談します」。そうすると質問をした女性は「それでは解決しないのではないですか？」と聞き返しました。するとすぐ、六年生の女の子は「おばさんは間違っていると思います。先生や親に相談すると、すぐ自分の考えを押しつけてきます。これでは相談になりません。私が友だちに相談すると、親身になってよく聞いてくれます。解決しなくても、聞いてもらえたことが嬉しくて、解決するまで待てるようになるのです」。

私はこのやり取りを聞いて、この女の子は子どもたちの声を代弁してくれたのだ、と思いました。そして会場の大人に、先の六年生の発言と、親や先生に相談する人は少ないという現実について、どう受け止めたらよいかと問いかけました。それに対して父親と思われる方が、「私はさっきからのやり取りを聞いていて、今まで自分が子どもの言うことをよく聞かないで、自分の考えをとっさに言っていたことを思い出して、反省させられました」と話してくれました。

先生や親が、子どもの相談を理解しようとする考えをもって普段から聞いていれば、子どもたちはもっと相談すると思います。なぜ大人は子どもの相談に耳を傾けられないのでしょうか。それは後でも述べますが、この社会が競争社会であり、子どもに競争に勝って、よく働き、稼げるようになってほしいという思いが先立つからです。子ども一人ひとりはその子なりに考え、成長しようとしていることを理解して接してほしいものです。

五 子ども同士の居場所、たまり場がなくなってきた。

子どもは親に話さなくても、同級生や、年上の人に聞いてもらうことで安心感をもつことができます。しかし、現在では子どもたちは居場所がなくなってきていて、相談したり、話し合ったりすることができなくなってきました。

このように誰にも相談できず、話し合うこともできないで閉じこもっていると、子どもの「孤独感」は一層深まり、心に元気がなくなります。そうなると、他の人のことを真剣に考える余裕はもちにくくなります。

⑦現状の子育ての問題を考える

現在は少子化時代といわれています。そこで、まず、「子育ての問題」として「少子化」の問題を考えましょう。

各家庭での子どもの数が少ないということは、家族内での子ども同士の刺激が少ないといえます。家族に子どもが多くいれば、比較的年齢が近い者同士、行動や言葉などを通してお互いにいろいろと学び合うことが可能になります。自己主張をしながら、喧嘩をしたり、また逆に、家族愛による優しさのやり取りで子ども同士が学び合ったりすることもあります。

けれども、この少子化の問題は一つの家庭の問題にとどまりません。地域で子どもたちが遊ぶ仲間がいないという現実があるからです。同年齢の心が通わせる友だちと遊ぶこともなかなかできにくいですし、異年齢同士で遊び、遊びの仕方を学んだり教わったりするということもできなくなってきています。

私への子育て相談でも、遊び友だちがいなくて、家で一人、ゲーム機での遊びばかりしているという悩みの声が増えています。一九七〇年代頃までは、近所で同年齢や異年齢で遊ぶことを通して、遊びのルールや、付き合い方を身につけることができていましたが、今ではそういう機会がかなり少なくなっています。このことは、子どもの育ちにとって見逃せない問題となっています。

「子育ての問題」で次に考えたいことは、家族がいわゆる〝ホテルファミリー〟になっていることです。家への出入りの時間は自由、食事もバラバラで、話し合う時間もとれない。これでは、家族が顔も合わせないので、お互いのようすもわかりませんし、ちょっとしたことも話し合うこともできません。ましてや、子どものことなど重要な課題を話し合うこともそう簡単にはできません。学校で起こっていることを、顔を合わせて家族で話し合うこともなしに、お互いの理解は望めません。せめて食事が一緒にできれば、食事中に日常のことを話し合うことが可能になります。

この親子の「接触時間」については食事時間だけではなく、我が国の親子での遊び時間の少なさとして目立っています。私の子育て学習会に参加していた、ブラジルの日本語学校の教師は「ブラジルでは、五時になると帰宅して親子でサッカーをよくやっています」と報告してくれました。うらやましいかぎりです。我が国の働き方を改革すべきではないかと真剣に考えています。

子育ての問題の三番目は、子育てについて近所に相談する人がいない、ということです。親族や普段から親しく付き合っている人がいれば、子育てについてのちょっとしたことを相談できますが、そうした人が現在ではなかなか見当たりません。特に都会ではそれが顕著です。

そのために、最近では地域の「子育て支援センター」などができていますが、数が足りず、日常的に相談することは簡単ではありません。また、かつてのように地域の自治会に入っている人は、「子ども会」という名称で、子どもの活動を計画したり、気軽に子育ての話や相談をしたりしていましたが、現在では、自治会への参加者が少なくなってきていて、地域の交流を通じての子育ての相談も難しくなってきました。

子育ての問題の四番目は「子育ての考え方」についてです。子育ての考え方は各家庭で決めればよいと思います。しかし、今は社会が複雑になってきていて、子どもをどのように育てればよいか、そして子どもにどのような力を身につけさせたらよいかが、見えにくくなってきています。そうなると、とりあえず、学校の勉強の成績を上げて、可能ならば大学に進学させて、安定した企業に就職させたいと考えるほうに傾いてしまいがちです。そこで考えたいことが、親は子どもの幸せをどう考えているのかということです。何が子どもの幸せなのかがわからないまま、ただ進学競争に明け暮れさせることが、はたして子どもの幸せに繋がるのかを、じっくり考えることが必要ではないでしょうか。

⑧児童虐待（死）をどう思うか

まず「児童虐待」の数について紹介しましょう。残念ながら数は、年々増えています。厚生労働省の二〇一七年度の児童相談所での児童虐待対応件数は一三万三千七七八件で、過去最高となりました。これは前年度（二〇一六年度）より、一万一千二〇三件（前年度より九・一％増）多く過去最高値となっています。また、心中以外の虐待死は四九例四九人で、〇歳児が三二人（六五・三％）と最も多くなっています（平成三〇年〔二〇一八年〕八月三〇日厚生労働省子ども家庭局家庭福祉課子ども虐待による死亡事故例等の検証結果について（第一四次報告）、平成二九年〔二〇一七年〕度の児童相談所での児童虐待対応件数及び平成二九年〔二〇一七年〕度「居住実態が把握できない児童」）。

法律ができて虐待の通告が増えていることが、数の増加の要因となっていることが報告されています。
　虐待で亡くなった幼い女の子の書いた文を紹介しましょう。

「もうママとパパにいわれなくてもしっかりとじぶんからきょうよりもっともっとあしたはできるようにするから　もうおねがい　ゆるして　ゆるしてください　おねがいしますほんとうにもうおなじことはしません　ゆるして　きのうぜんぜんできてなかったこと　これまでまいにちやってきたことをなおします　これまでどれだけあほみたいにあそんでいたか　あそぶってあほみたいなことやめるので　もうぜったいぜったいやらないからね　ぜったいぜったいやくそくします」

　これは二〇一八年六月六日に朝日新聞の朝刊に掲載された、五歳の船戸結愛《ゆあ》ちゃんが書いた文です。結愛ちゃんは父親に虐待されて亡くなった女の子です。
　虐待されて亡くなった子どもがいるとわかると、マスコミは報道し、国民も騒ぎます。しかし、残念ながらこのような痛ましい事件は後を絶ちません。なぜでしょうか。その原因は多様です。

しかし、少し厳しいようですが、その原因の根本は、私たち大人が「いのち」を大切にして生きていないからではないでしょうか。助け合い、心配し合い、声を掛け合って暮らしていないからではないでしょうか。そういう心が、態度が欠如しているからではないでしょうか。

言い換えて表現すると、〝いのちを大切にする心〟、〝愛し合う心〟が不足しているからだといえないでしょうか。私はいじめや虐待は、大人が「いのち」の大切さを深く認識し、地域でお互いが心を配りながら声を掛け合って暮らす中でなくすことができると思っています。

結愛ちゃんの事件後、ある児童相談所の所長さんが新聞の座談会で次のように言っておられました。

「監視社会の様に、（いじめを）通告することだけが市民の役割ではありません。また、児相（児童相談所）の強化だけでも解決しません。何気ないあいさつや声かけといった、孤立を防ぐ地域のあたたかさこそが、虐待死を未然に防ぐと信じています」。

虐待に対応する先端である児童相談所の所長さんの言葉として、私自身も重く受け止めたいと思います。たしかに「虐待」があった場合、または虐待の疑いがある場合に、児童福祉法第二五条の規定に基づき、通告することは国民の義務となりました。しかし法律があっても、通告するだけでは足りないと思うのです。

私たち大人が日常「いのち」を大切にし、「愛」をもって暮らしていれば、虐待や子どもに関わる悲惨な事件は起こらないと思うのですが、皆さんはどうお考えになるでしょうか。

三章　実際の子育ての事例から学ぶ

ここでは、具体的な子育ての事例を通して、そこから私たち大人が子どものために学び、考えることにしましょう。何を学んだらよいか、そして、もし自分も少し変わったほうがよいと思うことがあったら、一歩でも踏み出してみましょう。

①いじめ——どう解決したのか

いじめには多様な内容があります。ここでは、中学生の女子の事例を取り挙げて考えましょう。

ある中学校から「いじめ」をテーマにした講演を依頼されました。その学校ではいじめをなくす運動に取り組んでいました。講演会が終わった後、校長先生と教頭先生と話し合う時間がありました。その時、ある女子生徒（A子さん）がいじめられており、どうもうまく解決しないので指導をしてほしい、という申し出がありました。私はいじめに取り組んでいる学校にもかかわらず、うまく解決できないのはなぜなのだろう、と不思議に思いました。最初は、学校側にはこのいじめが複雑にこじれる前に何とか解決したい、という考えがあるのだろうと思っていました。しかし話を聞くうちに、いじめを受けているA子さんが長期的に学校を休むようになり、その後不登校になって、心身に悪い影響が出る前に何とか止めてあげたいという学校側の思いが伝わってきました。

話を聞いて私は、その相談を引き取ることにしました。

私はA子さんのご両親と会って話し合いの場を学校の外で設けました。ご両親がA子さんから聞いたところ、「学校で先生がいる場所で話すと、自分がいじめられる本当のわけがわからない」と話してくれた、とのことでした。

そこで私は、ご両親に、このケースは当事者同士で話し合ったほうがよいのではないかと提案しました。その理由は、どうも先生方が同席していると、生徒たちは本音で話し合うことができないのではないかと考えたからです。

後日A子さんの母親から連絡があり、当事者同士、二人で会って話し合ったという報告を受けました。内容としては、A子さんが「なんで私をいじめるの？」と聞いたところ、

「あんたのクセがいやなの。何度言ってもやめてくれないからだよ」と言われたとのことでした。

　そして「私のクセが原因だったなんて思わなかった。大したことではないと思ってた。クセを直すように努力する」と思いきって伝えたそうです。そうしたら「わかった。あんたがクセをなくすように頑張るなら、もうしないよ」と言ってくれたそうです。私は、この当事者同士での話し合いを二人が了解した後も、お互いに、特にA子さんは話し合う時のこと、話し合った後のことなどが不安だっただろうと推測します。実際、当日二人で話し合うまでは時間がかかったのではないでしょうか。しかし、二人は少しずつ心を込めて、率直に話し合えたようで、お互いに理解ができた後、先生に報告に行ったそうです。

　その翌日、A子さんの家から私に連絡が入り、ご両親と会うことになりました。

　ご両親は笑顔で「ホッとしました。本当に良かったです。どうなるのかなと心配していましたが、娘も明るくなって学校に喜んで行っています」と語ってくださいました。後日聞いたところ、二人は時々話したり、遊んだりするような仲になったそうです。

　この事例は、複数の生徒が一人をいじめたケースではありませんでした。そのせいか、クラスでも、そう表沙汰になってはいなかったようです。しかしそうはいってもA子さんは自分一人で悩み、苦しんでいたことでしょう。我慢しながら、親に心配をかけたくないという思いを胸に秘めて、学校に行っていたのだと想像します。相手と会って話し合うことは怖かったでしょう。A子さんはおそらく、内心震えながら話し合いに臨んだのではないでしょうか。

＊今回の事例から、親の在り方に絞ってご一緒に学び、考えることにしましょう。

①この事例では、A子さんのクセがいじめの原因だったことがわかりました。

家にいると、お互いのクセには慣れていて家族同士ではおかしいとは思わないので、まさか、いじめの原因がクセだとは当のA子さんも気がつけなかったのでしょう。人と人の些細な違いがだんだんと気になってしまうことはよくあることです。いじめの原因は本当に多様です。成績が良いから、引っ越して来たから、クラス委員長だからいじめられる、などです。

そこで一つ知りたいことは、普段A子さんは親しく話せる友だちはいなかったのかということです。でも、もしいたとしても、微妙ないじめのことを相談すると、そのことがめぐりめぐって先生にわかってしまって「チクッタ」（告げ口）と言われ、いじめがエスカレートすることがあり得ます。ことといじめについては、他の人には友だちだからといって安易に相談はできません。また、中学生ともなるとプライドもあって、自分がいじめられていることを誰にも知られたくないのです。他の人に言わないもう一つの理由に、親に心配をかけたくないからという当人の思いがあります。子どもの「いのち」の中には、親に心配をかけたくないという「親を思う優しい心」が与えられているのです。

私たちは、子どもたちがいじめられて「いのち」をなくさないために、真剣に考えなければなりません。また学校でいじめが起こり、そのいじめで子どもたちが「いのち」を落としているという現実を決して見逃してはなりません。学校は「いのち」の大切さを教える所であるべきです。そして、「いのち」を守ることを何より重視して教育を行う所であることを、親もいじめで亡くなった子どもたちに代わって誠実に考え、心の中に抱きながら歩んで行かなければなりません。

今回の事例は「自殺したい」というような深刻な内容ではありませんでしたが、それでも、いじめる側が複数になっていじめがエスカレートすると、窮地に追い込まれ、不登校など重大な事態に陥ってしまうことにもなりかねません。このようなことも考えておく必要があることを知っておきましょう。

②次に、いじめをする子どもについて考えましょう。

いじめをする子どもは、何らかの心の暗い影を心の中にもっていることがあり得る、ということを考えたいと思います。その暗い影の原因が、家庭内の問題か、仲間関係の問題、または他の理由か。それは人によって違います。しかし、いじめる子どもが抱えている、表に現れない深い問題を知らないでいると、解決の仕方が間違ってしまうことがあります。もし、その背景がいじめる子どもの家庭内の問題だとしたら、そう簡単には踏み込むことはできません。したがって、自分の子どもが、いじめる相手の子どもの家庭内の問題で、いじめのターゲットになった場合は、他の解決の道を探ることになるでしょう。たとえば夫婦関係のいざこざのとばっちりで、父親が子どもを殴ったり蹴ったりすると、被害にあった子どもは学校でいじめに走ることが現実にあります。しかし、夫婦関係に他人が関わることは簡単ではありません。こうした場合には、いじめる子どもの心の闇をよく理解しないでただ一方的にいじめを叱責しても、その子の心の闇は消えません。それどころか、親の身勝手さで被害にあった自分が理解されない悔しさのあまり、その悔しさをいじめや学校外での反社会的な行動で発散しようとします。

③いじめは「肉体のいのち」だけではなく、「心のいのち」をも傷つけている行為であることを見逃してはなりません。

自殺をしなくても、自分の心に元気がなくなった状態で学校へ行くことがどんなにつらいことかを、理解しましょう。また、いじめは、いじめられた子どもの、その後の将来に渡って、トラウマ（心的外傷後ストレス障害）として心に暗い影となって残る場合があることをぜひ知っていただきたいと思います。

そのことを踏まえて、自分の子どもに、いじめはいじめられた人に何十年後まで心のストレス障害という、心に深い傷を負わせることになるという残酷な重大問題であることを、教えていただきたいと思います。中学時代にいじめにあった三十代の青年は「玄関でピンポーンというチャイムが鳴ると、『あっ、いじめるやつが来た』といまだに胸がズキッとする」と言っていました。

②不登校——作戦を立てた解決——

ここでは、不登校の事例を通して、学びたいと思います。

小学校一年生の男子（A君）。お母さんから電話があり、事情を聞くと、学校に行っても、おとなしい性格からか、遊びに入れなくて、学校がつまらないと言っているとのこと。クラスの他の子は楽しそうに遊んでいますがA君は遊べません。そのうち、遅刻、早退、そして学校を長期的に休むようになりました。お母さんは、「お兄ちゃんたちは普通に通学しているのに」、と思っていました。一年生でこれでは先が思いやられる、とかなり心配しているようでした。電話ではお母さんも、話す言葉がたどたどしくて、話すのに困難を感じているようでした。大丈夫かな、とそのときは思いましたが、会って正確に事情を聞かないと判断が難しいので、「お母さん、一度お会いしてお話をお聞かせくださいませんか？」とお聞きしました。お母さんは少し間をおいて「わかりました」と返事をくださいました。このとき私は、お母さんは対人関係において自信がもてない方かな、と感じました。

実際に会ったA君は、見るからに大人しく、優しそうな表情をしていましたが、緊張したようすは見られませんでした。何か言いたげなようすから、A君がお母さんから離れて私に何か話したいのではないか、と感じました。そこで二人に提案しました。「A君、先生と二人で話したいこと何かあるかな？」「うん、話したい」と、A君はお母さんに遠慮するように小さな声で返事をしてくれました。私はお母さんに、「お母さん、A君も私と話したいと言っているので、しばらく一階に移っていただいてよろしいですか？」とお願いしました。

その後、A君と二人で楽しく簡単な手遊びをしました。楽しく遊び、和やかになった後、私は「A君、さっき先生に何か話したかったようだったけど、話してもらっていいかな。だけど、お母さんに言ってほしくないことがあったら、先生がお母さんにうまく話すから、遠慮しないで言ってね」とゆっくり伝えました。A君は、私の話をよく聞いていて、うなずいてくれました。

A君は、「これからお母さんのことを話すけど、これは言わないでね」と私の顔を見て言いました。私は「話さないよ」と約束し、じっと待って聞くことにしました。「あのね、ぼくが学校へ行かないとお母さんがぼくのことを心配して、お兄ちゃんの朝ごはんの準備ができなくなるの。ぼくはお母さんがかわいそうだから、学校に行きたくない日でも、イスに座って自分で少しずつ朝ご飯を食べるの。そうするとお母さんは、安心して食事の準備ができるようになるの」と言うではありませんか。

私は、小学校一年生の男の子が、自分のことをお母さんが心配し、そのことで兄の朝ご飯の準備ができないことを気遣い、これは私の想像ですが、心の中で、「お母さんゴメンネ、お兄ちゃんゴメンネ」という気持ちで一生懸命に朝ごはんを一口一口食べているようすを思い浮かべて、後の言葉がすぐには出てきませんでした。

私はA君の〝生きようとするいのちの力〟の中に、母と兄への優しい心が与えられていて、きちんと育っているのだな、と思いました。「そうなのか、A君は優しいね。その気持ちはお母さんにもお兄ちゃんにも伝わっていると先生は思うよ」と、A君の顔を見て伝えました。

A君はお母さんにも言っていなかった自分の気持ちを、誰かに話せた安心感からなのか、即座に「ぼくね、学校で誰とも遊べないし、あんまりしゃべれないんだ。だからつまらなくて、学校へ行きたくないの」と。それを聞いて私は「A君、誰かに『遊べる？』って聞くことは難しいかな」と聞くと、「うん」とうなずきました。私は「そうか、わかったよ」と相槌を打ってから「A君は誰かと遊べれば学校へ行きたくなるのかな」と聞くと、A君はうなずきました。私が「A君は誰かと遊びたいんだね。じゃあ作戦を練ろうか」と言うと、A君は私の「作戦」という言葉に驚いたようすでしたが、すぐに嬉しそうな笑顔を見せてくれました。

A君はこれまで、誰にも自分から話しかけたり、遊びに入れてもらうような声かけができなかったのです。私からの「作戦」の誘いを受けて、心の中に小さな灯がともったのでしょう。

私は傍にあったB4の白い紙を広げて、「これから作戦を立てようね。A君が思っている、遊んでくれそうな人の名前を教えてくれるかな。先生が紙に書くから」と言ったら、A君はすぐに三人の名前を教えてくれました。私はA君に、「この中でいちばん遊んでくれそうな人は誰かな」と聞いたらすかさず、「B君！」と答えてくれました。「わかった。じゃあ、B君と遊べるように作戦を立てようよ」と言って、A君に「B君が他の人と遊んでしまう前に『一緒に遊べる？』って頼めば遊んでくれるかもしれないね」と言いました。するとA君は「わかった！　頑張って言ってみる！」と、事もなげに答えてくれました。

A君の顔からは、うまくいってB君と遊べるといいな、という思いが読み取れました。この時私は、A君が学校に行って、友だちと遊びたいという気持ちをもち続けていたのだと気がつきました。

「A君、この作戦を成功させるためには、A君が早く教室に行って、B君が来るのを待っていれば、うまくいくと思うよ。だから、B君が他の人と遊ぶ前に、思いきって声をかけることでこの作戦がうまくいくかどうかが決まるよ」とアドバイスしました。そして、『B君一緒に遊べる?』って思いきって言おうね」、と繰り返し確認しました。A君は心を決めたかのように「先生、ありがとう。ぼく、頑張る」と固い意志を表してくれました。その時には、最初会った時のA君とは違った、しっかりとした顔つきに変わっていました。

私はうまくいくかどうか少し不安がありましたが、A君自身が、自分の決めたことをはっきり自分の声でB君に話すことができれば、このことがきっかけになって遊ぶ友だちもできるかもしれないと考えていました。

二人の作戦会議が終わったので、私はお母さんを呼びに行って、「A君が学校へ行って遊ぶ作戦を立てたので、お母さんは明るい顔で、『きっとうまくいくよ。お母さんも応援しているからね!』と言ってあげてください」とお願いしました。お母さんと二階に行ってから私たちは、A君と一緒に立てた作戦をお母さんに伝えました。お母さんは、A君に私がお願いした励ましの言葉を伝えてくださいました。その日は、作戦を立てることができたという喜びの気持ちをお互いにもちながら別れました。

その後何日かたって、お母さんから電話がありました。お母さんは弾んだ声で、「子どもが学校へ行って、友だちと遊べるようになりました。本当によかったです。Aもお会いしたいと言っているので、先生とお会いしたいのですが」。もちろん私もお話を伺いたいと思ったので、お会いすることにしました。

私はA君に、「作戦をやってみたの？」と聞きました。そうするとA君は「うん。頑張ってやってみたら、B君が、『いいよ』と言ってくれたから、一緒に遊んだよ。そしたら、B君といつも遊んでいる人とも一緒に遊べたんだ。次の日も他の人とも遊べたよ」と笑顔で、報告してくれました。A君の嬉しそうな報告を傍で聞いていたお母さんは、涙をこぼしながら、喜んでおられました。

＊この事例からいくつかのことを確認しながら学び考えたいと思います。

①お母さんは、本来ならば、A君がなぜ登校しないかを、オロオロしないで、優しくゆっくり聞いてあげられればよかったと思います。

しかし、このことは誰にもできることではありません。特に今回のA君のお母さんにとっては簡単ではありませんでした。最初に電話をいただいた時から感じていましたが、お会いすると、お母さんは対人関係に対して自信のない方でした。

②次にお母さんはできるだけ、「なんで兄弟の中で、この子だけが不登校になってしまうのか、お兄ちゃんは行っているのに」と兄弟を比較しないほうがよかったと思います。

わが子でも一人ひとり違います。お母さんの兄弟への見方が変われば、そうオロオロすることはなかったと思います。

そうはいっても、子どもの初めての不登校で、戸惑い、どうしてよいかわからないお母さんの気持ちも十分察することができます。いつの間にか子育ては自分だけの仕事だと思うようになっているのではないでしょうか。そのために、夫には細かく相談はできにくいのかもしれません。少なくとも、A君のお母さんはそうでした。

普段から家族で、学校のこと、友だちのことなどを話し合える関係をもつ努力が必要であることを考えさせられる事例です。

③子どもの不登校のことを夫に相談できない、しかも、他に相談する人もいません。

そのようなお母さんの姿を見て、母思いの優しいA君は、自分が登校できない気持ちを誰にも話せないでいました。A君は、暗い気持ちはありながらも、ゆっくり朝ご飯を食べてから、最初は何とか登校をしていましたが、長続きはしませんでした。A君もどうしたらよいかわからない日々が続きましたが、お母さんとは不登校のことをきちんと話し合うことはできないままでした。その後のA君のくり返す不登校にお母さんは悩み続けたあげく、どうしてよいかわからず、人づてに聞いて私に相談をしようと思われたのです。

④お母さんは、A君や周りの子どもたちのようすがわかっている担任の先生に早めに相談するとよかったと思います。

しかし、お母さんが、A君を叱って無理矢理登校するように仕向けないで、オロオロしながらも自分なりに、優しさを込めた心配の仕方で自分の姿を表してきたことはよかったと思います。お母さんのその姿からA君は、お母さんの優しい気持ちを感じ取ることができたのです。お母さんは、A君にきちんと考えを言葉で表すことはできないにしても、優しい心はA君に伝わっていたのです。

そしてここで皆さんと共有したいことは、A君のお母さんのように、担任に電話や手紙で相談できる親ばかりではないということです。人にはそれぞれの性格や事情があって、相談ができにくい親、そして家庭がある、ということを心に留めておいていただきたいと思います。そして自分に何かできることがあったら、援助の手を差し伸べていただきたいと思います。

③家庭内暴力――忍耐しながら逃げ回った母の愛情――

次の事例から、家庭内暴力についてご一緒に学び考えたいと思います。

あるお母さんから電話が入りました。中学三年生の男子生徒（C君）についての相談でした。月に最低一回くらいバットを振りかざし、お母さんを追い回すのだそうです。

私はよくこれまで大きな怪我をしないでこられたな、と驚きを禁じ得ませんでした。そして、早速お母さんとお会いすることにしました。

お父さんは大きな会社の役員でかなり忙しい方でした。帰宅してC君に言う言葉は決まって「ちゃんと勉強しているか！」だそうです。お母さんはこういう父親と、子育てについて話し合うことはできていませんでした。C君としても、たまには友だちのこと、遊びのこと、スポーツのこと、勉強以外のいろいろなことを父親に聞いてほしいし、話したい、と思うときもあったと思います。しかし、C君はそのようなことはとっくに諦め、そればかりか、父親に対する思いが憎しみに変わり、その憎しみをお母さんに向けるようになっていったのです。このように徐々に気持ちが変わっていったC君は、学校の勉強には身が入りません。形だけは学校に行っていますが、家のこと、父親のことは友だちにも表だって話しません。まして担任の先生に、中学三年生の男の子が話すわけがありません。

このように人は、自分の気持ちを閉ざして生活をしていると、ストレスがたまり、苦しくなり、何かに向けて発散したいと思い始めます。猫や小動物にそのストレスの矛先が向けられることもあります。C君の場合には、その怒りが少しずつお母さんに向けられたのです。最初は小さな怒りが繰り返され、徐々にエスカレートして、次第にバットでお母さんを追い回すようになりました。お母さんはというと、C君の怒りの気持ちがその都度わかっていたようでした。でも、具体的にどうしたらよいかがわからなくて私に電話をかけてこられたのです。

そこで、私はお母さんに、危険を感じるときにはすぐ外に逃げるようにと、アドバイスをしました。お母さんからC君の日常の言動を聞いて、C君は外にまで追いかけて人に見られるような暴力はしないと判断したからです。お母さんの話を聞きながら私は、C君も「自分も普通に生きたい、父親と普通の親子の会話がしたい」「お母さん、何とかしてよ」という「いのち」の叫びを発しているのだと感じました。それにしてもお母さんは、身の危険を感じながらの不安な毎日です。

私は、C君のようすを時々電話で報告をしてもらいたいと話し、必要に応じてお会いすることにしました。その際に次のことをお母さんにお願いをしました。それは、「C君が自分の気持ちを誰かに話したい、聞いてもらいたいという時が必ず来るので、私のことを伝えておいてください。私は『真面目に学校へ行け』とか、『勉強をしろ』とか、『お母さんに暴力は絶対やめろ』とか、命令はしない人だと伝えてください。そして、『C君の味方だよ』と伝えてください」という内容でした。その後、数回お母さんと電話で話をし、三回ほどお会いしてC君のようすをお聞きし、その都度アドバイスをしました。

数か月たってから、お母さんから嬉しい電話が入りました。「Cが自分のことを誰かに話したい、と言っているんです。すぐに、前に岡本先生のことを話したでしょ、と言ったら、会って話したいと言うので先生に電話をしました」。この電話を聞いて私は、すぐ車で行くので待っていてください、と伝えました。

玄関に現れたC君はかっこいい中学生でした。

私とC君は、私が相談を受ける時によく行く、小さな川に向かいました。人があまり来ない静かな穴場で、木々の緑や色とりどりの花が美しい場所です。川は、水が透きとおっていて、小魚が泳いでいます。私とC君は川べりに隣合わせに座りました。C君はしばらく黙って向こう岸を眺めていました。私は、C君に、「何でも自由に話していいよ。誰にも言わないから。お母さんにも言わないよ。もちろん学校にもね。そして、C君にこうしろとか、命令や強制をしないからね。だってぼくはC君の味方だから」と約束しました。

私の言葉が終わった瞬間、なんとC君が「ぼくは、悪い子なのかな……」と、言うではありませんか。予想もしない言葉でした。小さな声でしたが、私にきちんと伝えたいという意志を感じました。お母さんが私に相談していて、自分のことを伝えていることを知ったうえで、この言葉を発したのです。

私は、やはりC君は悩みや苦しみ、お父さんへの憎しみ、今までお母さんに暴力を振るってきたことなど、自らを振り返り、なんとかしたいという心の変化があって、私に会いたかったのだと感じました。C君の言葉は、彼の胸の奥からの呻きだったのでしょう。

私は「C君は悪い子ではないよ。今までつらい、苦しい、誰にも言えないことがあったんだと思うよ。誰にもわかってもらえないで、生活をすることは耐えきれないことだよ。君自身の具体的なこれまでの苦しみがどのようなものなのか、ぼくにはまだ、ハッキリとは正直わかってはいないけれど、でも君が苦しんで生きてきたことは想像できるよ。君が言ったさっきの言葉は、精いっぱい、自分と向き合って悩み、考えたうえでのぼくへの質問の言葉だと思うよ」。

こう私が言うと、即座にC君は「先生、ぼく高校へ行きたい」と言うのです。これも、自分で人知れず、考えてきた思いだったのでしょう。この思いをご両親に彼が伝えていたかどうかはその時にはわかりませんでしたが、おそらく伝えてはいなかったのだと思います。

「C君、高校へ行きたいんだね！」と私は確認しました。C君は「行きたいです。でも今の成績では受からないと思います」。私は、「C君の成績がどれくらいかはわからないので、詳しいことはなんとも言えないけれど、C君が進学したいのなら、C君がお母さんにはっきり伝えて、担任の先生に相談してもらうといいよ」とアドバイスをしました。C君は自分の進路を初めて人に相談できた安心感からか、明るい調子で「わかりました！ 相談してみます」と返事をしてくれました。

その時C君は、最初会った時とは打って変わり、穏やかな表情になっていました。私たち二人はここまで話せたことをお互いに喜び、帰路につきました。お母さんには、二人で話し合ったことを私からは伝えませんでした。

翌日お母さんから電話がありました。とても喜んでいました。C君が私と話したことをお母さんに伝えたそうです。私は私が知っているサポート校をお母さんに紹介しました。このサポート校は、勉強が苦手な子どもや学力に自信がない子ども、不登校ぎみの子どもたちに高校卒業資格を取得させる学校です。私立通信制教育提携校として、サポート校、フリースクールなどと呼ばれています。週に五日か三日コースで年間いつでも入学が可能な学校もあります。

その後、お母さんはC君と話し合い、担任の先生とも相談し、そのサポート校に入学しました。入学後は自分なりに一生懸命、勉強も学校生活も頑張っているそうです。

＊この事例から学ぶことを考えましょう。

①一人の中学生が、自分の、〝生きようとするいのちの力〟の声に促され、自分のそれまでをかえりみ、これからの生きる進路を考えるまでに変えられたことに、私は胸が熱くなりました。

夫婦の間で、子育てをどのようにするかは、その家庭によって異なっています。今回の事例では父親はほとんどC君とは接していないようです。ただでさえ少ない接する機会にも、一方的に命令、強制の言葉しか言いませんでした。そのような夫の態度に対して、お母さんはくり返し話をしてきたのですが、何を話しても限界だと決断し、その後の子育てを含めての一大決心をし、実行されました。

②この事例でのC君と担任との関係には、私は突っ込んで問いただすことはしませんでした。原因は父親にあるという判断が私なりにあったからです。

③この事例は、暴力が家庭外に広がっていないケースです。

C君自身の行動からも、家庭の外に自分の怒りを向けていくようすは見られません。場合によっては、怒りが外に向かって反社会的暴力になってしまうケースもあります。なぜ今回そのようになっていなかったかということを私なりに推測すると、C君は、お母さんの優しさを心の奥底では受け入れていたからだと思います。ですから、お母さんへの決定的な暴力は振るわなかったのでしょう。

このことは、この事例の重要なポイントだと思います。それは母の「優しさ」です。C君はバットでお母さんを追い回すことはしますが、傷つけてはいません。お母さんは、バットを持って追いかけられる時に、C君を罵ったり、暴力息子扱いしたりはしていません。「あなたにこのようなことをさせているのはお母さんたちだ」という思いをもちながら、恐怖の中、黙って逃げ回っていました。C君はその、逃げ回るお母さんの「優しい愛情」を感じ取りながら心の中ではもがき、泣きながら追い回していたのだと思うのです。

C君が元から悪い子ではないことは言うまでもありません。人生の途中で、家の状況によって暴力を振るうしかなかった、と受け止めてよいのではないでしょうか。そういう意味で、この事例から私たちが学ぶ大切なことは、お母さんの〝いのちの中の優しい愛情〟がC君の心の奥に響いたことだと思います。お母さんは逃げ回っているときも、C君が「優しい子ども」だということを心の中で信じていたのではないでしょうか。

お母さんは、言葉には表していませんでしたが、「いのち」を産み、育む母としての思いを深くかみしめておられたのではないでしょうか。その思いは、「自分の息子も自分の

『いのち』を普通に生きたいと思っているひとりの人間だ」という、人間としての深い感覚だと思うのです。

お会いした時のお母さんの話す姿、言葉の一言一言、人柄から、そのことは十分汲み取ることができます。このようなお母さんの「愛」の波はC君の魂の奥底に伝わり、〝生きようとするいのちの力〟から呼び起こされた「自分の悪い心と戦う力」が良心の呵責を与え、その人間変容をもたらしたのです。

④子育ての考え方――子どもの真の幸せを考えたお母さん方――

どこの親も、わが子に幸せになってほしいと思って子どもを育てます。しかし、育てる内容や方法が間違っていると、わが子を不幸に追いやってしまいかねません。ここでは、一つの事例を通して、子育ての基本を学んでみたいと思います。個人からの相談ではなく幼稚園のお母さん方からの要望で行った、学びと相談の事例です。

ある日、都内の高級住宅街にある幼稚園の主任から講演依頼の電話が入りました。ご希望のテーマについてお聞きすると「子どもの幸せについて」とのこと。

講演では、昨今の子どもの現状を取り上げ、外国の子どもと比較しながら日本の子どもは幸せなのか、という問題提起を基本として話しました。そして、人間の子どもの特徴を話し、遊びは生きる力を学習するための「生命活動」だということを、具体例を通して話しました。簡単にいうと、遊びは、子どものあらゆる力を総合的に育て、〝生きるための力〟を育てる不可欠の活動だということを、お母さん方に訴えました。

講演が終わった後、車座になって楽しい雰囲気で話そうということで、まず順番に自己紹介を始めました。ところが、この自己紹介がなかなか次の人に回っていかないのです。自己紹介が終わると、多くのお母さんは、自分は親として本当にわが子の幸せに繋がるような育て方をしてきたのだろうかと、反省しながら語り続けました。私は、お母さん方の話を聞きながら、問題意識のある素晴らしい方々だな、と感じていました。一般的には、多くのお母さん方は、勉強ができる子になってほしい、頑張る子になってほしい、可能ならばレベルの高い学校を目指す子になってほしい、と考えるものです。しかし、その場の雰囲気はどうも違うのです。順番に話すお母さんがすすり泣きながら話し出すと、他のお母さん方はそのたびに、盛んにうなずくのです。

そして、話が進むうちに、私はお母さん方が、子どもの幸せについて深く考えておられることに心を打たれていました。子どもの「真の幸せ」を願い、この幼稚園にわが子を通園させたのでしょう。

そして、長く通園していた園児のお母さんは言うまでもなく、その時の四月に親子共に入園してきたばかりの方たちも、子どもの「真の幸せ」について考えようという「共通した思い」をもっていることが、お母さん方の話からわかりました。

その「共通した思い」は、自分の夫が官僚、または大企業の重役などで、忙しく仕事をしているという現実から生じたものでした。夫はご多分に漏れず仕事に明け暮れ、常に疲れ切っており、子どもには有名校志向をちらつかせながら勉強を強いるのです。そのような夫の現実を見ているお母さんたちは、たとえ高学歴で裕福な生活をしていたとしても家族が幸せであるわけではない、と感じ始めたのです。

小さい時から、勉強を強いられ、頑張って競争路線を走ってきた夫たちは、自分の生きる道、人生をそう簡単に否定しません。いや、むしろ我が人生を肯定したいがためにも、わが子に同じ路線を走ってほしいと促すのでしょう。しかし、その競争に勝ってさらに上に昇進する人といえば実際は、ほんの一握りです。負けたくないという思いで、それまで努力して這い上がってきた当人にしてみれば、他の人生の選択肢を考えようとはしないのでしょう。

そういう夫にしてみれば、幼いわが子に、自分なりに考える〝幸せ路線〟を望むのは、自分が育てられた過去からすれば無理からぬことだとは思います。しかし、お母さんたちは、夫と違って、毎日幼いわが子の表情、素振り、言葉、活動、遊び、友だち関係を見て、

「子どもの育ちはこれでいいのかな?」と思案に暮れるようになってきたのではないでしょうか。もっと、温かな、笑い声のある家族団らんのある日々は望めないのかな、と煩悶《はんもん》することがあっても不思議ではありません。

お母さん方の涙や笑いを交えてのやりとりを聞きながら、これは何もここのお母さん方だけの問題ではなく、日本全国の親子の問題だと改めて感じ入りました。代わるがわる話をするお母さん方は、お互いに、この幼稚園に転園したり、入園して来てよかったと確認し合っていました。

そこでこの幼稚園に来て何がよかったのか、ということについて少し紹介しましょう。

お母さん方は以前から共通して、わが子が笑顔で楽しく生活し、大声で笑い、大声を掛け合って遊べるような生活ができるようになってほしい、という願いをそれぞれもっていましたが、その願いを前にもまして強くもつようになりました。そして、それぞれがいろいろな幼稚園を見学しました。そして、この幼稚園の子どもたちとお母さん方が、思っているような幼稚園生活をし、本当に子どもらしく楽しく過ごしていることを目の当たりにしました。その後、お互いに近所に住んでいる人たちで情報交換をし合いながら、話し合って途中で転園したり、新たに四月に入園したりして来たのです。

お母さん方は、幼稚園での子どもの毎日の姿から、どういう生活を子どもが喜んでするのかを教わったと、口々に発言していました。このことは素晴らしいことだと思うのです。子育てを、当の子どもの要求から始まることを学び、理論ではなく実際の子どもの姿から学び取ったからです。子どもが何を知り、何を覚えたか、ということより、子どもが体全体を使って、今、何を楽しみ、喜んで生きているかを感じ取ったことが、そして人間としての子どもを心の目で見たことが、私は素晴らしいと思うのです。社会にどっぷり漬かった母としてではなく、社会通念、社会常識と距離を置いて、人間として、子どもを深く見て学んだことが素晴らしいと思うのです。これは、お母さんの人間としての「いのち」の中に深く潜在している「優しい心」に呼応した、わが子の「真の幸せ」を願う姿だと思います。

そして話し合いの中では、いわゆる有名大学とか、有名企業とかは望まないで、人生は子どもが自分で考えて、自分で切り開くことが良いし、そのこと自体が幸せな人生であるという意見が大勢を占めました。その背景には「いのち」を削るようにして生きている夫たちが幸せそうに見えないという現実があるように思いました。

＊この事例から学んだことを考えましょう。

私はこの園の講演会の講師として参加して、お母さん方と一緒に学び合いました。そこでの幾つかのことを、再確認を含めて考えたいと思います。

①生活の中で、また忙しい生活の中で、ここに出てくるお母さん方のように「子どもの真の幸せ」が何であるかを真剣に悩み、探る誠実な生き方から学びたいと思います。

夫の仕事を含めて、家族の幸せが何であるかを「子育て」を通して学んでいった姿勢は見習うべきだと思います。そして、子どもの「真の幸せ」は子ども自身が切り開くという考え方からも学びたいと思います。

②そして具体的には、子どもの幸せは、幼児期の「遊び」の中にあるのではと考え、そのために幼稚園を選んだ実行力から学びたいと思います。

「遊び」は子どもが生きることを学ぶ「生命活動」であることを学び合い、「遊び」は子どもの「生きたい」という「いのち」からあふれ出た心の底からの訴えであることを、皆で共感し合うことができたことも覚えたいと思います。

③どのような人生を送るかは、それぞれの考え方によって変わりますが、人間は死亡率一〇〇%です。

お母さんたちの話し合いの中で、人間は必ずいつかは死ぬけれども、その時まで、「生きてきてよかった」、「ありがとう」と言いながら生き、そして死を迎えたいという「生と死」の話にも発展し、意見交換をすることができました。哲学的に学ばなくても、素朴に暮らしている中から、「死」に対しても自然に思いを馳せることができるということも、お互いに学び合うことができました。人間としての一人ひとりの奥底にある「いのち」からの語りかけに目覚めさせられたような語り合いで、私自身がお母さん方から多くのことを学ばせていただきました。

ところで、紹介したこの話し合いは、わが子の「今と将来の幸せ」を親の責任問題として誠実に考えた事例です。しかし、このような母親は、実際には多くないと私は思います。子どもの一度きりの大切な人生を真剣に考え、社会的な風潮に一方的に流されずに、わが子の真の幸せを考えて子育てをする親はそう多くは見当たりません。

そこで、今回紹介したお母さん方の例とは別の、わが子の個性、考え方を大切にして子育てをしてこられた素晴らしいご夫妻を紹介し、「子育ての考え方」の事例の結びとしたいと思います。この事例は私の子育て相談の事例ではありません。人間としてわが子の考えを尊重して子育ての事例として知っていただきたいと思い、紹介します。

ある日のこと、大学の研究室のドアを誰かがノックする音が聞こえたので、開けてみました。すると私が全く知らない学生が立っていました。その学生はニコニコしながら自己紹介をして、「少しよろしいでしょうか」と言って、入室しました。見るからに健康で、優しそうな顔つきの好青年でした。私も時間に余裕のある時だったので、二人の話は弾みました。なんとその青年は、私が生まれ育った島にある海洋系高校を卒業して私の勤務校に入学して来たそうです。出身中学は島の中学ではなく、学習院でした。たしかその時、家族や親族の方たちのほとんどはその系列の上の学校に進んでいると聞いたように記憶しています。

私は彼に、なぜわざわざ都内のその中学から島の高校に進んだかを聞きました。彼の答えは「海やサーフィンが大好きで、島に行ってサーフィンをしたいから」ということでした。「それで、ご両親は、島の高校に進学することを許してくれたのかな?」と聞くと、「私の両親は、子どもの選ぶ人生を応援するという考え方です」と答えてくれました。私は少々驚きを覚え、また何と素晴らしいご両親なのかと思って、彼に「君は幸せだな」と言いましたら、彼も「そうです。ぼくは本当に幸せです」とそれは明るく、嬉しそうに答えてくれました。

私は、子どもの真の幸せを夫婦でよく話し合い、一回の人生の中で子どものやりたいことを精いっぱい応援しようと考える素晴らしい親御さんの話を聞いて、清々しい気持ちに満たされました。私たちは、その島の暮らしや文化、島の人たちのことについてしばらく時がたつのも忘れ語り合いました。彼は学生時代から、サーフィンのインストラクターとして教えているということ、そして卒業後はサーフィンの店を開いて生活をする計画などを打ち明けてくれました。私は、彼の話を聞きながら、何と希望に満ちた青年かと、嬉しくなってしまいました。

卒業式には、わざわざ研究室に来てくれた彼と握手を交わし、「島で会えるといいな」と言って別れました。

くり返しになりますが、子どもをどのような子どもに、いやどのような人間になってほしいと考えて育てるかは、それぞれのご家庭の問題です。各家庭にはそれぞれに事情などがあって、子育ての考え方には多様な違いがあるのは当然です。しかし私は、子どもも一人の人間であり、一回の人生を自分の「いのち」の声に従って生きる自由と権利があると思います。そして、親はわが子の幸せが何であるかを一人ひとりに即して考えることが求められていると常々思っています。

⑤父親の過度の力によるしつけ――おびえながら生きたいともがく幼児――

この事例は、父親からの過度の力による暴力的なしつけを受けながら、自分で自分をどうしてよいかわからないまま、もがきながら必死に生きようとする保育園の幼児の事例です。園の先生方から私が聞き取りをし、共に学び、M君とご両親への援助を進めました。

一見おとなしそうな四歳のM君が入園してきました。この園では、入園シートという記入用紙に保護者の要望を書いてもらって、保育に活かしていくことを大切にしていましたが、M君の親のシートには、わが子に関する要望や、障がいに関すること、園への具体的な要望は書かれていませんでした。

その後の日常の保育が始まると、担任をはじめ、先生方にとって、M君の行動がどうも気になるようになってきました。M君は他の子どもたちと言葉を交わすことがなく、一緒に遊ぶこともしません。行動も他の園児と一緒にすることができません。要するに、仲間関係を築くことができないのです。

ある日、これはどうも普通ではないな、ということが起きました。M君が園庭に咲いていたきれいな花を、子ども用のシャベルで全部切ってしまったのです。切られた花は、年長組の子どもたちが何か月もかけて育ててきた大切な花でした。年長組の子どもたちは怒りました。その怒った子どもたちの前でM君は何が起きたのかが理解できず、茫然とただ立っていました。またM君と同じクラスの子どもたちは、「なんでぼくたちは部屋でみんな絵を描いているのに、M君だけが外で遊んでいていいの?」と先生に文句を言い出しました。先生は「M君はまだ園に慣れてなくてわからないのだから、時間をかけて、わかるまで待ってあげましょうね」と説明をしました。

こういうことが他にもあり、M君は子どもたちからは怒られ、先生からは叱られ、注意されたりで、ある日、ついに保育園にいるのが嫌になって、門の上によじ登って外に出ようとしたのです。その後、私もM君と遊んだり行動を共にしたりして、彼の生活ぶりを観察しました。彼の言うこと、やることを優しく受け止めると、にこやかに笑いながら楽しく遊ぶのです。

それ以降、M君については、先生たちは保育終了後に毎日あったことを取り上げ、報告をし合い、対策について話し合いをしました。そして毎月一回の私との実践の学習会で、M君の行動を分析、話し合いの時間をもちました。そこで、事はM君だけの問題ではなく、共に生活する他の園児にも関わる問題なので、具体的な対応を決めることになりました。その結論として、M君に専属でつく人が必要だということになり、主任がその担当に決まりました。

その他、いろいろな意見が出て、M君の家庭での生活、特に親からどう受け止めてもらえているのかを知る必要があるので、お母さんとお話することにしました。園では送り迎えのときによくお会いしているので、お母さんのM君への対応には問題がないと理解していました。もしかしたら父親の側に問題はあるのではないかと考えていました。

そして早速お母さんに来ていただき、園のようすを話し、家での生活のようすをお聞きしました。お母さんは園でのわが子の生活について聞いて、「やはり、そうですか」と言っておられました。家でも同じように、生活のルールがわからず、時々自分勝手な行動をとることがあります、と教えてくださいました。そこで、「なぜM君は家や園で、自分勝手な行動をとると思われますか」とお尋ねしたところ、お母さんは、涙をこぼしながら「実は、父親が家の中で仕事をしているので、Mにうるさいと怒鳴って叱り、よく叩くのです。そのことが原因だと思います」とご自分の考えを話してくださいました。

先生たちは、お母さんが言ってくださった内容は、ある程度予想していました。そこでまずお母さんに、お願いをしたいことを伝えました。まず、父親がM君に怒鳴ったり、叩いたりしたら、フォローすること。どんな小さいことでも、ほめること。食事を一緒に食べること、それも、できるだけ、楽しい雰囲気でお父さんとも一緒に食べること。M君が何か言おうとしたら、ゆっくり聴き、共感してあげること。園のことをあれこれ問いただきないこと。そして、機会あるごとに抱きしめてあげること、などをお願いしました。以上のことは、M君がお父さんを必要以上に恐がらず、しかも自分のことをお母さんに受け止めてもらえている嬉しさを味わえるようになるといいと、判断したからです。

お母さんの話をお聞きした後、職員会議で話し合い、やはりお父さんに来てもらい、話し合いの時をもつ必要があると確認しました。私は、お父さんと話し合う内容を先生方と一緒に確認しました。連絡するとお父さんは承諾してくださいました。

園長先生と担任が後日お父さんとお会いして、ざっくばらんに、理解していただきたいことを説明しました。怒ってばかりいると、子どもは委縮してしまうこと。叩くという叱り方は、恐怖感を植えつけることになり、効果はないので、やめてほしいということ。叩かれた子どもは、他人との関係で、自分から考えを言えなくなってしまいがちになるということ。そして、家の外に行って、自分を叩く人がいないときには、安心感から、勝手な行動をとってしまうということなどをお伝えしました。

お父さんは思ったより、さっぱりした方で、ご自分から、「自分は、言葉で説明するより、体に教え込もうとしてしまうのですよ。幼い子に、これでいいのかな、と思わなくはなかったのですが、しつけは小さい頃が大切だと思って厳しく叩いて育てました。やっぱり小さい子どもにはよくないですか。これからは考え方を変えて、叩かないで言葉でしつけます。今日は、専門の先生方に教えてもらうことができて良かったです。自分の子どもが普通に行動できないのは可哀そうだから、頑張りますよ」と約束してくださいました。

先生たちは、少し時間はかかるかもしれませんが、必ず他の子どもたちと同じように行動ができるようになることをお父さんにはっきりお伝えし、来ていただいたことに対して、お礼を申し上げてその日は別れました。

その後、先生からクラスの仲間たちへのM君への関わり方についての指導もあり、M君は、徐々に園生活に慣れてきました。仲間たちの「そっちは危ないよ」、「(砂場で)一緒にバケツに砂を入れよう」、「ボールをけっていいよ」などの言葉を聞きながら、園生活の仕方を学び、遊びの中にも入れてもらえるようになっていきました。M君を取り巻くご両親や園の環境の変化で、彼は、自分のしたことが許してもらえる、受け止めてもらえる、仲間に入れてもらえる、ほめてもらえるなどの体験を通して、仲間たちと一緒に生活することの喜びを味わえるようになっていきました。

そうしている中、園側はM君のお母さんには、可能なかぎりクラス懇談会や保護者会に参加して、クラスや園の情報に触れるようにお願いをしました。また、私とお母さん方の一学期一回の懇談会にも参加していただきました。

このようにM君を取り巻く環境、特にお父さんそしてお母さん、仲間の関わり方が変わっていき、M君から次第に笑みがこぼれ、少しずつ言葉も聞かれるようになってきました。そして、M君の変容を通してクラスの子どもたちも、一緒に生活し、遊べるようになったことを喜べるようになりました。

二学期、三学期といろいろな行事も経験し、お父さんにも行事への参加をお願いし、凧揚げ大会の時には、M君と一緒に二人で楽しそうに凧を揚げていました。M君はもうかつての不適応児ではなく、クラスの一員としてグループの係の仕事にも友だちと取り組めるようになりました。

＊この事例から学ぶべきことを一緒に考えましょう。

①まず、M君の園での最初の行動は、慣れない環境の中で、自分でしたいことを周囲には目もくれないで自由にやろうとする、〝生きようとするいのちの力〟の衝動に突き動かされたものであることを理解したいと思います。

彼なりに〝生きようとするいのちの力〟をなんとか表出させたかったのだと私は思うのです。生活のルールがわからず、確かに間違った行動をしていましたが、彼も一人の「いのち」あふれる存在です。一人の「いのち」あふれる存在として、何かをしたいエネルギーを抑えることはできなかったのだと受け止めたいと思います。

②お父さんたちや園の仲間たちの関わり方が変わってきた後、彼の恐怖感や防御的な感覚、人と関わりたくないという感情が少しずつ変わってきました。

このことは、M君の人間変容だと思います。

子どもでも大人でも周囲が受け止め、温かく包んでくれれば、おのずと自分も勝手な行動を抑えて、周りの人たちに合わせることができるようになるものです。言葉を換えると、周囲の柔らかい「愛情」に護られている感覚がもてるようになると、M君のように誰しも周囲を「信頼」するように変わっていくことができるようになるのです。子どもの〝生きようとするいのちの力〟には、〝愛そうとするいのちの力〟から育つ「信頼という芽」が元々与えられているからです。もう一つ、クラスの子どもたちについて言えば、その子たち自身の中の〝生きようとするいのちの力〟の中にも、困っているM君のような仲間に対する優しい〝愛そうとするいのちの力〟から育つ「思いやりの芽」が元々与えられているのです。その育つ芽を信じて、先生たちがクラスの子どもたちに援助の肥料や水を与えて「思いやりの芽」がすくすく育ったのです。

③もう一つ、M君が変わることができた要因の一つに、クラスの保護者の協力があったことを挙げておきましょう。

クラスにはいろいろな事情の園児たちがいます。M君だけではありません。子どもたち皆が違った生活を送り、違った育ちをしています。この園では皆で一緒に育っていくことを大切にし、仲間の育つ力を信じて保育をしています。この考え方に、保護者の方も賛同してくれています。

事あるごとに保護者の方に、さまざまなことを知らせ、ご協力をお願いします。M君のことも、クラス懇談会などでお互いの信頼感に立って、説明をさせていただき、取り組んできました。園の先生方だけでは、保育は進みません。子どもと、保護者、先生たちとが皆で理解し合い、協力し合い、〝生きようとするいのちの力〟を信じて、子どもと一緒に成長することを目指して取り組んだ実践が、実を結んだのだと思います。

⑥障がい児の〝生きようとするいのちの力〟に応えようとする父と母の「愛」

一人のお母さんから電話が入りました。要件は、四歳の自閉症のお子さんのことで話を聞いてほしいということでした。

その後、ご両親とお子さん（S君）とお会いしました。S君の特徴をお聞きすると、主に、言葉が出ない、コミュニケーションがとれない、動き回るなどでした。医師から自閉症と診断されたとのことでした。お父さんは「私は、無理に発達しなくてもよいと思っています」との考えをお話しされました。「ずっと、親が面倒を見ればよい」という責任感に基づいた考えをもっていました。一方、お母さんはといえば、お父さんとは逆で「成長させてあげたい」というお考えでした。おそらくお二人の考えが違い、どうしたものかと思案に暮れて私に相談をしてこられたのでしょう。

私は、どのような子どもでも、その子なりの成長があるということを知ってもらいたいと思い、お父さんに「今、S君はいろいろと動いていますよね。いろいろなものを見て触っていますよね。あれはS君なりの興味をもっての行動だと思いますよ。S君の『いのち』は『生きたい』と思っているのです。S君には〝生きようとするいのちの力〟が与えられていて、その『力』がいろいろな行動となって現れるのです」と話して、ある自閉症の女の子の例を紹介しました。

それは、幼稚園での実習生が体験したことです。ある時自閉症の女の子（C子ちゃん）が水たまりに小石を投げていました。石を水に投げるとポーンと音がして、水がキラッと光って跳ねます。今度は、それを見た実習生が投げます。二人が交替して石を投げました。この石投げをやりながら、実習生が他の子どもたちを呼びました。「みんな来て！C子ちゃんが石を水に楽しそうに投げているよ！」すると何人か来て、C子ちゃん、実習生、仲間の子どもの順に、石を水に投げました。何度か皆で楽しくその遊びをくり返しました。次の日もその石投げ遊びを、C子ちゃんは友だちと楽しそうにくり返してやったのです。その石投げをきっかけにして、なんとC子ちゃんと子どもたちが、少しずつ一緒に遊ぶようになったのです。

私はお父さんに、「こういうことが起きるのです。S君の『いのち』、すべての子どもの『いのち』も『生きたい』という直観的な感覚に導かれて動きます。その現れが『遊び』

なのですよ。S君の『生きたい』、そして生きるために彼なりの『知りたい』、『触ってみたい』という本能的な欲求を認めて、応援してみませんか」と話してみました。

その日はそれ以上多くを話さないで、私たちはS君のイタズラをじっと眺めていました。お父さんは感慨深そうな目で、ゆっくりS君の行動を追っておられました。そして、私たちはS君が自分のやりたいことを終えた後、「またお会いしましょう」と約束して、別れました。

その翌週だったでしょうか、また連絡が入ったので、私たち四人は同じ場所で会いました。その日もS君は、あちらこちらと動き回ってから、壊れかけて使っていないパソコンを叩き始めました。何かを楽しみ、面白そうに叩いています。パソコンを叩くとそのたびに画面が動くのです。S君はその反応に何かしらを感じ取り、楽しんでいるかのように見えました。

私はお父さんに「S君はパソコンの画面の反応から、何かを感じているように思いませんか？」とお聞きしました。S君のお父さんは、実はパソコンを販売している大会社の社員でした。お父さんは何かを感じたのでしょうか。お父さんは「先日先生と話し合い、帰ってから、夫婦で話し合って考えました。また、今日のあの子の真剣で嬉しそうな姿を見て、この子を成長させたいと考え直しました。何かに興味をもって遊び、『何かを味わう』ことは、『生きるという喜び』ですよね。先生が先日おっしゃった『いのちの力』が何なのかがあの時にはわからなかったのですが、あの子の遊んでいる姿を見ていると、彼の中に〝生きようとするいのちの力〟があって、その力が彼を動かしていると思えるようになりました」と、S君の行動をじっと見ての感想を話してくださいました。お父さんはかなりの勉強家で、いろいろな本を読み、物事を深く考える方のようでした。

そばで聞いておられたお母さんは、本当に嬉しそうな顔でご主人の言葉にうなずいておられました。お父さんはさらに「『生きる喜び』を味わうわが子の力を応援することは親の務めだと思います」と話してくださいました。私は、お父さんに「よく言ってくださいました。ご自分のお考えをS君の遊ぶ姿から考え直されたことは、とても素晴らしいと思います」とお伝えしました。

お母さんは、「お父さん、ありがとう。一緒に頑張りましょうね」と、それは嬉しそうに満面の笑顔で言葉を弾ませておられました。ご夫妻とS君との新しい人生のスタートでした。

私たちが喜んでいるその時に、私に向かってお母さんから、これからのことを相談したいとの申し出がありました。それは幼稚園入園についてでした。私は、お母さんはS君の先の進路をもすでに考えておられたのだと気づかされました。「S君がコミュニケーションを徐々にとれるようになるためには、集団の中での生活体験が必要だと思うので、入園を考えましょうか」と、お二人にお伝えしました。お父さんも、そのことにはすぐ賛成されました。そして、「どこか目当ての園がありますか」とお聞きしますと、私がよく知っている園の名前をあげられましたので、「わかりました、私のほうからも園長先生にお話をしておきますので、そうしましょう」と、三人でその場で入園に対する具体的な話ができました。わが子の遊ぶ姿を実際に見ながら、自分の考えを変えた父親、そしてわが子の先々を考える母親の愛情に、頭が下がる思いがしました。

数日たって私が園長先生に電話をすると、快く入園を了承してくださいました。その園は子どもたちのことを第一に考えた幼児保育に取り組んでいて、障がい児についても実践の積み重ねがある園でした。入園後、お母さんはたびたび見学に行き、S君の生活ぶりに触れることができました。先生方は、それは熱心に心を込めてS君に援助の手を差し伸べてくださっていました。園長先生からは、大きな問題はなく、心配ないと、お母さんに話してくださったそうです。幼稚園と、幼稚園の保護者の方々、そして何よりも園の友だちが、心優しくS君と遊んだり、世話をしたりしてくれました。S君は、広い幼稚園のホールや園庭で楽しく自由にいろいろなことを体験する毎日でした。

S君も園生活に慣れてくると、お母さんは、卒園した後の、小学校のことが気になってきました。そして、いろいろな小学校を調べ、なんと関東から北海道にまで実際に見学に行ったのです。わが子の行く末を、先に先に考え調べて、行動する――それが母親の愛なのでしょうか。私は、献身的な母親の姿から学ぶことが多かったことを今でも思い出します。ご夫婦でよく話し合い、わが子の人生を考え、力を合わせるお二人の親としての、揺るぎない愛情を静かに、深く感じました。

最後に、その後について紹介してS君の事例を終わることにしましょう。まずS君の新入生としての入学式です。それまで、本当にいろいろなことがありました。そして、ついに晴れの入学式です。

S君にとって、入学式はどんな式だったのでしょうか。

入学式が終わったある日、お母さんから電話がありました。お母さんは、入学式前にはS君が一時間もの長い間座っていられるかが心配だったようです。「先生、私驚きました。なんとSが一時間座っていることができたのです！　あの子のどこにあんな力があったのでしょうか」。それを聞いて私もまずお母さんと同様、びっくりしました。S君がそんなに座っていられたとは、すごい！の一言に尽きます。

私は思います。S君は入学式のことを前もって、もちろんお母さんからも、先生からも聞いていました。そして自分なりに自分を制御して精いっぱい頑張ったのです。私はS君が頑張れた力は、「お母さんとお父さんに心配をかけないで、喜んでもらいたい」という彼の深い思いがあったからではないかと想像するのです。〝生きようとするいのちの力〟の中の魂とでもいえる声が彼に呼びかけ、奮い立たせ、今までの自分の力を超えるエネルギーを導き出してくれたのではないかと私は思うのです。

＊このS君とご両親の事例から学んで考えましょう。

①この事例に関して私の言動の元となっているのは、専門家としての机上のものではなく、長年の幼稚園や保育園での障がい児保育の経験や障がい児施設で触れ合った児童たちとの経験から学んだものです。

もちろん大学の障がい児の専門の同僚から折につけ、多くのことを学ばせてもらいながら、自分なりの考えを少しずつ独自にもつようになってきました。

その立場からまず言えることは、自らの〝生きようとするいのちの力〟に導かれながら、その力にS君自身も呼応して生きているということです。私は思います。障がいをもっている子どもたちは、生活をする中では障がいを抱えているがゆえに、それぞれ私たちとは異なった思い、感覚で独自性を発揮しながら生きています。その中には、私たちには理解できにくいこと、戸惑い、悔しさなどがあると思います。しかし私は、いわゆる健常者以上に、彼らのほうが賢明で、〝自分のいのちの中の声〟を聴きながら、自分の「いのち」に正直に生きていると思うようになりました。

②お母さんの、自分から生まれたS君への心の眼差しの深さ、優しさを学びます。

何とかS君に「生きる味わい」、「生きる喜び」を体験してほしいという、お母さんの考える「生きる目的」というか、「生きる喜び」の哲学とでもいえる思いを学んだように思います。私も、人間の生きる目的の一つは、生まれてきて「生きる喜びを味わうこと」だと思っています。その喜びの中身は多様です。この人生の目的は障がい児に限らず、すべての人に共通する内容ではないでしょうか。

③ご両親は、よく話し合って、二人でS君の人生のために力を合わせて、愛情をもって人生を生きておられます。

自分たちに生まれてきてくれた、尊い、かけがえのない「いのち」に対するお二人の厳粛な、そして深く温かい責任感から学ばせていただきました。

さて、ここでこの章の終わりに、大切なこととして、いじめのない社会、学校にするためにどうしたらよいかということに対して改めて、私の考えをみなさんに伝えたいと思います。

まず、いじめる人は、生まれた時からいじめようとは思っていないということです。生きている中で、嫌なことがあるとその嫌な思いに抗しきれず、はけ口として、弱い人をいじめて、自分の気持ちを発散させて自己満足しているのです。ほとんどのいじめは、いじめる人の「自己中心の心」から発しているのです。家族、学校、社会、行政、政治の問題もないとは言えません。しかし、一人ひとりの心が変わらなければ、今掲げたすべては決して変わりません。

今この本を読んでいるあなたの心の中に、「苦しんでいる人」、「弱い立場の人」に対する「優しさ」をもつことが何より大切です。

しかし、この「優しさ」を自分の心にもつことが大変なのです。でも、これ以外に「いじめ」をなくしてゆく道はありません。いじめを受けている人、いじめられて自殺する人の気持ちをどれだけ受け止めることができるかが、私たちに問われているのです。

四章　「いのちの力」、「愛の力」を与える主なる神

この本の最初に、私たちの〝生きようとするいのちの力〟は大宇宙から与えられている、とお伝えしました。しかし、その大宇宙は誰が作ったかというと、聖書は、それは神だと教えています。聖書の一行目には「はじめに神が天と地を創造された」と書かれています。そして、神はすべてのものを造った最後に人間を造られました。人間を造ったその時に、神は人間の「鼻にいのちの息を吹きこまれた。それで人は生きるものとなった」と書かれています。ここに「いのちの息」とあります。人間は、神と人格的な関わりをもって生きていくために、霊的な「いのちの息」を吹き込まれた存在なのです。

そして、この人間を造った神は今でも私たち人間を愛しておられます。聖書には「神は愛です」と宣言されています。この「愛の神」の前では、私はいうまでもなく「愛」の弱

い者です。しかし、そんな私でも、聖書の神を知り、教会に通うようになってから、子どもたちの苦しみ、悩みに寄り添える優しさをもって子どもたちの〝生きようとする力〟を応援する大人となりたいと、少しずつ思うようになりました。いじめ、不登校、虐待などのことを考えるとき、私の心は震えました。そして次第に何とかしなければならないと考えるようになり、それ以降、子どもに関わる不幸な現実について学び、考え、子育ての学習会を行ってきました。

この小さな私がわずかながらも、子どもや子育ての現実に実際に関わることができるようになったのは、イエス・キリストがこの愛のない、私のような罪深い惨めな人間のために、身代わりとなって十字架にかかり、ご自分の「いのち」を捨てて死んでくださったことを、自分のこととして深く知るようになってからです。このイエス・キリストの十字架の愛に導かれて私は、少しずつ、子どもと、子育てに悩みを抱えておられる方々のために微力を捧げて関わることができるようになりました。神は私のような者の〝生きようとするいのちの力〟、〝愛そうとするいのちの力〟に油を注ぎ、灯をともして、導いてくださいました。

そこで、最後に皆さんにお伝えしたいことは、「いのちと愛の力」をより強く育てていただくように神に「祈り求めて」ほしいということです。そして、このような「祈り求める心」をもって子育てをし、生きていっていただきたいと思います。この「祈り求める心」の道を歩んで行けば必ず「心豊かな子育ての人生」が待ち受けていると固く信じます。

聖書に「わたしを呼べ。そうすれば、わたしはあなたに答え（る）」（旧約聖書・エレミヤ書三三章三節）と書かれています。今生きておられる神の言葉です。神はあなたの求める心に必ず答えてくださいます。

新しい人生の一歩を踏み出されますように、心からお祈りいたします。

あとがき

この本で私は、我が国の子どもの現状をお伝えしました。そして、皆さんと子育てに関わる事例を通して学び考えてきました。今回紹介した子どもの現状は、過去から引きずってきた状況が進行した結果です。このままでは今後の子どもに関わる問題は一層悪くなることは必至です。はたして、このままでよいのでしょうか。せっかくこの日本に生まれてきた子どもたちです。彼らに希望に満ちた輝く社会、国を残す責任が私たち大人に課されているにもかかわらず、それがかなっていないことを、私たちは猛省しなければなりません。

法律や支援組織も必要です。しかし、それだけでは子どもの問題は解決しません。大人一人ひとりが、心を込めて家庭内で、そして地域でできることを丹念に行動に移していかなければ現実は何ら変わりません。

混迷し、行く先が見えない、揺れ動いている「今」この「時」に、愛する子どもたち、そして愛する我が国のために、生きて導いてくださる神に祈りつつ、心して生きていかなければならないと我が身を引き締めております。

この小さな本を一人でも多くの方が手に取ってお読みくださり、皆さんに少しでもお役に立てれば、この上もない喜びです。

今回この本を出版してくださいました「いのちのことば社」と、この本の担当をしてくださいました宮田真実子さん、佐藤祐子さんに心からお礼申し上げます。私のわがままな申し出に対し、いつも温かく、ご丁寧なご配慮をいただき感謝に堪えません。

また、私の遅々たる仕事にいつも温かく、静かに見守ってくれた家族に感謝します。

岡本　富郎

著者

岡本　富郎（おかもと・とみお）

日本の保育学者、明星大学名誉教授。専門は幼児教育学、教育学。

1944年、東京都生まれ。1968、年早稲田大学教育学部教育学科卒業。1977年、同大学院博士課程満期退学。1973年、白梅学園短期大学助手、講師、助教授、教授。2003年、明星大学人文学部教授。2010年、教育学部教授。2015年、名誉教授。

著書に『声なき叫びが聞こえますか』(いのちのことば社)『子どものいじめと「いのち」のルール いのちから子育て・保育・教育を考える』(創成社新書)『保育の思想を学ぼう 今、子どもの幸せのために ルソー、ペスタロッチー、オーエン、フレーベルたちの跡を継いで』(萌文書林)ほか。

聖書 新改訳 2017© 2017 新日本聖書刊行会

カイロスブックス 4

「いのち」と「愛」に着目する子育て

2019年7月1日　発行

著　者　　岡本 富郎
装　丁　　桂川　潤
印刷製本　シナノ印刷株式会社
発　行　　いのちのことば社
〒164-0001 東京都中野区中野2-1-5
電話 03-5341-6923（編集）
03-5341-6920（営業）
FAX03-5341-6921
e-mail:support@wlpm.or.jp
http://www.wlpm.or.jp/

Printed in Japan © Tomio Okamoto 2019
乱丁落丁はお取り替えします
ISBN978-4-264-04053-8

激動の“時”を生きる人々へ
「カイロスブックス」シリーズ

好評発売中

カイロスブックス1

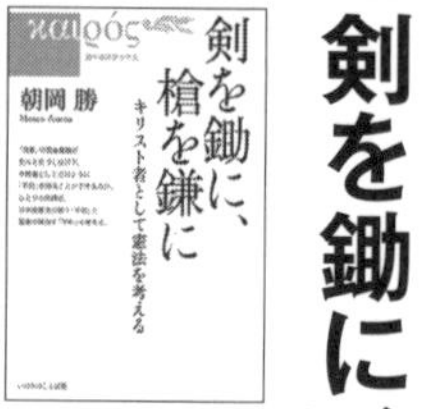

剣を鋤に、槍を鎌に　キリスト者として憲法を考える

朝岡勝　著

「改憲」についてキリスト者の立場から何を考えればいいのか。自民党改憲草案と現行憲法を比較しつつ、この国が今どこに向かって行こうとしているのかを考える。教師たちを前に語った講演をまとめたもの。

四六判　80頁　定価900円＋税

カイロスブックス2

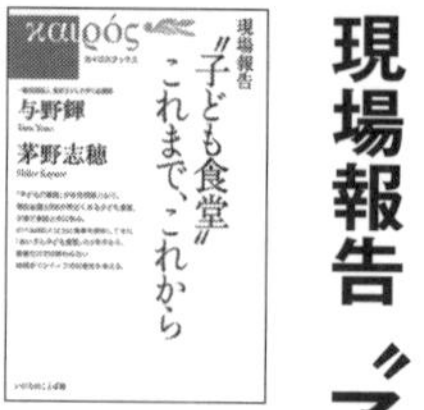

現場報告〃子ども食堂〃これまで、これから

与野輝
茅野志穂　共著

「子どもの貧困」が社会問題となり、現在全国三千か所近くある子ども食堂。子育て家庭と共に歩み、のべ八千人以上に食事を提供してきたひとつの子ども食堂の三年半から、一時的な善意の高まりだけでは終わらない地域ボランティアの可能性を考える。

四六判　88頁　定価900円＋税

カイロスブックス3

打ち捨てられた者の「憲法」

齊藤小百合　著

憲法は誰のためにあるのか、なぜ作られたのか――　「改憲」の足音が迫る中、あらためて「憲法」が生み出されてきた時代背景を見直し、この憲法改正によって日本の社会が〃何を〃切り棄てようとしているのかを憲法研究者が警鐘を鳴らす。

四六判　104頁　定価900円＋税